內向者的優勢

【暢銷改版】

Leise Menschen starke Wirkung

Wie Sie Präsenz zeigen und Gehör finden

Sylvia Löhken

希薇亞・洛肯——著

王榮輝——譯

安靜的人

如何展現你的存在，

並讓別人聽你的。

媒體讚譽

●在本書作者所指導的客戶中，有不少人是從「安靜」的研究領域跨入了「說話大聲」的商業領域，彷彿掉入另一個世界。作者嘗試讓這兩個世界相互理解、融和，同時創造出雙贏的局面。

——明鏡週刊 *Der Spiegel*

●內向的人不喜歡在聚光燈下工作，然而安靜的他們可以創造出偉大的事物。

——商報 *Handelsblatt*

●成功屬於擅長展現自我、登得了台面的人——至少許多人是這麼想的，然而成功未必只能這麼高調。本書作者是一位明顯的內向者，在書中她要告訴你，內向安靜的人用不著扭曲自己，只要懂得善用內向的潛能，便可化阻力為助力，達到你想要的成功。

——法律論壇 *Legal Tribune Online*

●洛肯是個內向的人，她不會要求內向的你去改變你的特質，而會幫助你找到所需的能量與動力。她的方法更具說服力：認識自身長處，重視它們，學習在關鍵時刻充分發揮。同時，也要了解你的自我設限，讓它們不再阻礙你。

——德國金融時報 *Financial Times Deutschland*

●內向的人可以是站在群眾前神情自若的演說家，本書作者希薇亞·洛肯就是最好的範例，她被選為年度優秀的演說家。

——西德匯報WAZ

●誰大聲說話，誰就能被聽到，所以成功屬於外向者？然而內向者擁有許多強項，都是我們今天迫切需要的。

——*Brigitte*

●洛肯精采說明了，安靜內向的人需要什麼，以及如何獲得所需。

——*Petra*

●本書提供內向者各種人生處境的寶貴建議，包括如何在團隊中有所堅持，如何展現領導力，以及如何經營和諧的伴侶關係。

——經營管理叢書網 *managementbuch.de*

●現在能有一本專為內向者量身打造的職場工作策略，真是太好了！

——情緒雜誌 *Emotion*

●這是一本內向者的求生手冊。

——電腦週刊 *Computerwoche*

「……我們只有一個世界，

但我們卻活在不同的世界。」

險峻海峽合唱團（Dire Straits）

《手足情深》（*Brothers in Arms*）

目錄 Contents

第三章

第二部分　你如何創造幸福生活與事業上的成功？

前言

這本書可說是絕無僅有。它所涉及到被忽視的全球百分之五十的人口，亦即由「安靜的人」所構成的少數族群。

我與本書作者希薇亞・洛肯（Sylvia Löhken）結識於某個職業訓練組織，當時她跟我「大聲地」聊了她自己。在德國演說家協會為期三天擾擾攘攘的會議結束後，我與希薇亞在出口處巧遇。此時的我已精疲力竭，並非只是受到「過度刺激」（誠如我如今已明瞭箇中原委），而是因為眾多「外向者」的勢力影響所致。當時我的能量近乎歸零，希薇亞很快便看出我的困境，經由她三言兩語的點撥，我當下便體悟到：在這個廣闊、自我為重心的「外向」世界裡，我其實並不孤獨！

我當然早就曉得自己是內向的。身為一位禪修老師，諸如溫和、靜謐與內在的力量等等，無不是我的專業職能。然而，我的整體行為究竟受到內向性格的影響有多深，我倒是從來都沒想過。內向者的思考與行為方式不同於其他性格的人，儘管內向者堅毅、智慧且默默地完成各種工作，但外向者總是低估了這群人。

然而，在我們的文化裡，自助類的專業書籍（以美國作家領軍）幾乎是針對本就能成功推銷自己的外向者量身訂作。誠如希薇亞・洛肯所言，外向者很能遂行自我，他們不但口若懸河，更是自我公關的高手。對於內向者而言，去閱讀那樣的自助書籍就好比老鷹向鴨子請益該如何游泳，牠恐怕永遠也學不會。老鷹或許可以在空中稱王，不過前提是牠必須提醒自己：飛行才是自己的長處！同樣地，在汗牛充棟的溝通教材裡，真能對內向者有所助益的內容，恐怕是寥寥無幾。例如那些冗長的、與「傾聽的必要性」有關的篇章，他們便完全不需要。事實上，內向者是很好的傾聽者，他們真正好奇的是：為何別人不傾聽他們？

本書在這方面給予極大的助益。它從內向者的長處出發，提供了許多能有效發揮這些長處的建議。例如在談判交涉的場合裡，內向者手中其實握有不少好牌，可惜的是，他們自己並不曉得如何與何時打出這些牌。又例如當身處互相比大聲的會議裡，內向者該如何殺出一條血路？另一方面，對於領導階層與團隊領袖而言，以下的問題可說是至關重要：該如何顧及內向者的需求，並使用諸如腦力激盪之類的方法，藉此讓團隊加倍從參與者的思考中獲益？

這本書並非只是為全球半數人口所寫，它同時也是為了內向者的同事、伴侶、父母及師長所寫。例如你該如何與你那內向的伴侶相處？為何她（他）總是想的跟你不一樣，需要更多時間考慮，不喜歡暢所欲言，有強烈的獨處需求？

希薇亞・洛肯的書應登上各暢銷書排行榜的首位，對於一本低調的書來說這將是個高調的好兆頭！

芙勒・櫻・沃斯博士（Dr. Fleur Sakura Wöss）

維也納大信禪修中心負責人，約聘教練，作家

導言

外向與內向：兩個世界合而為一

我是希薇亞・洛肯，內向的溝通諮詢者。也許這有點不尋常，畢竟，「內向」一詞聽起來就給人一種阿宅的感覺，彷彿整天都黏在電腦前，一邊打著鍵盤，一邊大啖外送的披薩。然而，阿宅不過是內向者的某種（刻板）類型。其實成千上萬的人有這種性格。我喜歡與人打交道，「人」不但是我的職業、也是我的使命。可是另一方面，在歷經一整天的喧鬧與許多會面之後，我還是需要時間獨處，藉此重新充電。儘管我熱愛我的工作，但我還是無法像我外向的同事那樣，能從面對研習班學員、聽眾或見習講師這樣既活潑又緊張的工作中獲取能量。可是為何內向特質會是一本溝通書籍的主題呢？這件事是這麼開始的：

對於我的職業而言，進修是件理所當然的事。可是曾幾何時我卻對溝通訓練興趣全失。倒不是因為訓練內容讓我倒胃口，事實上，研究人與人之間所發生的事，始終是我最鍾情的事物之一。真正讓我意興闌珊的，其實是那些訓練人員，也就是我自己的同事。對我來說他們總是顯得太吵、太表面。我逐漸意識到這確實是個困擾我的難題。於是我開始對此進行思考。（內向者喜歡而且經常在動腦筋。）究竟是哪些具體的因素讓我無法對我那些同事感到信服？那些站在台上的人並不見得表現得比我好或差，但就是有所不同，而不同的地方就在於：他們所採取的方式往往只是不痛不癢地輕輕掠過我的實際需求！許多人都會大言不慚地自詡為菁英，用「第一名」、「執牛耳」、「某某方面的頂尖人士」來自吹自擂，我自始至終都覺得這樣太膨風了。正是在這些進修當中我得到不少啟發，它們讓我確定自己的另類。對於我的動作，教練會說：請再誇張一點！對於我的談話風格，教練會說：請再具有攻擊性一點！至於我的授課，教練則會說：請再多增添一點能量！

所有的這一切都讓我局促不安。不論是誇張的手勢、具有攻擊性的談吐，或是在演說中霸氣的展現，這全都與至今我的個人風格格格不入。更何況，到目前為止我從未因此身受其害。相反地，那些內向的客戶與研習班學員（他們的舉止恬適、鮮少輕舉妄動，態度也十分配合，內心的感受不輕易外露）非常喜歡我的演講與課程。而我也很喜歡他們，我的客戶在思考方面多半都很縝密、有邏輯。當我把我最愛的客戶類型描述給我（非常外向）的教練聽時，她對我說：「哦，原來妳喜歡冷靜的『藍腦』！」她說的沒錯。根據我個人的經驗，當我身為研習班的學員時，我也很享受和思考方式與我類似的人密切合作。於是，從這些進修過程我清楚認知到，當前並沒有一種溝通訓練適合我所喜愛的客戶與我自己，換言之，並沒有針對內向者的長處與需求量身訂作的溝通訓練。

我希望能夠藉由你現在正閱讀的這本書將此大漏洞填補起來，並透過針對內向人格特質所設計的研習、演說與訓練，來實現這個目標。好的溝通應該以認同為本，這一點我始終奉為圭臬。唯有在我能認識自己並與自己融洽相處的情況下，我才能成功地與其他人相處，無論是發表演說、與人交涉、在網路上或是在私生活裡。然而，究竟是什麼造就了內向？由於對我們來說並沒有完全普通的「內向」（既不膽怯、也不高度敏感），我不禁捫心自問並仔細分析了自己的溝通習慣。此外，我也在心理學以及英語的諮詢相關文獻方面得到不少啟發。不僅如此，後來我更帶著濃厚的研究興味，實地對我的客戶們進行觀察。

獲得的結果十分有趣。我發現，內向者在進行溝通時往往會表現出兩股特質，可以將它們分為「長處」與「障礙」。並非所有的內向者都具備這些特質，不過許多的內向者是如此，而這正是他們得以一展所長的基礎！

在這當中，「長處」自然是明確的優點，不過「障礙」則視實際情況而定，因為倘若我看清了自己的障礙，我便比那些無視於自己弱點的人更明白自己的真正需求。以我為例，在與家人或朋友共度的時光中，我往往會突然感受到抽離的需求。長期以來我都認為那是自己不合群的傾向。可是如今我了解，萌生退意其實是完全合理的需求，它能幫助我在精疲力竭的狀態下重新找回能量。我不會稱此為弱點，這就像外向者比內向者更需要回到人群中，他們並不會因此而變弱。

我在此誠摯地邀請你，認識你自己的長處與障礙。你可以將它們當作一輩子的好朋友。此後你便能將逆境轉化為順境，實現成功的溝通。

儘管人際關係有各種不同的類型，每次都可以問問這兩個問題：

1. 哪些長處是內向者在這樣的情況下可以善加利用的？

2. 內向者在這樣的情況中該注意哪些事情？

本書中，你將讀到我為上述問題所找出的解答，不僅如此，我更將它們整理成適合的方法，便於你應用到自己的生活中。

你在本書能找到什麼，你又該如何閱讀本書？

在以下的篇章將分別針對不同的生活情況，闡釋上述兩個問題的解答，包括在職場與私生活方面、在正式與非正式的場合、在近距與遠距的關係、在上台演說與談判交涉的情境。倘若你屬於內向，本書將幫助你妥善適應這個總是太過重視外向的世界，讓你在重要的事情上取得成功。每一段皆是以內向者的觀點出發。

倘若你比較傾向於外向，在閱讀本書之後，你將會對周遭的內向者有更深的認識，進而重視他們的長處，不論他們是伴侶或親朋好友、同事或長官、合作伙伴或研習班學員。

萬一你並不確定自己究竟是不是屬於內向者，那麼就讓第一章的小測驗幫你檢定一下。本書的設計能讓你將內容應用到個人遇到的情況中，你將會不斷發現問題，當你可以自行解答這些問題時，它們將帶給你進一步的幫助。請你把握機會以這樣的方式好好地認識你自己，並藉此在與他人的溝通中獲益。

本書架構以內向者偏好的思考與溝通方式為經、由內而外為緯。首先從個性分析出發。在第一部分的導論及概述中，你將會認識內向者典型的長處與障礙。

建議你最好從這部分著手，以便有個良好的基礎。第二部分包含第四與第五章，將綜觀個人生活與職場領域，藉此進一步說明什麼對內向者有益，並造就了他們的成功。更重要的是，這裡會告訴你，如何將這兩個領域形塑成「滿足內向需求」的狀態。之後的所有篇章，即本書的第三部分，你將獲悉在與他人互動時，你該如何發揮長處並摒除障礙。這部分我會特別強調，在建立關係、談判交涉、開會與公開上台說話等方面，內向者最重要的長處與障礙。在閱讀過第一章，進行了檢測並有初步概念之後，你將能妥善評估在不同情況下你的哪些個人特質是舉足輕重的。

你也會在不同篇章裡遇見我的一些內向的研習班學員與訓練師，我將借助他們（匿名）的故事來闡述：內向者如何在不同處境下善用自己的長處。我期盼，在你閱讀本書時，他們的經驗能帶給你勇氣或興趣，幫助你去嘗試專屬於內向者的溝通方式。

內向者撼動世界！

根據個性方面的相關記述與分析，古往今來的許多名人都是內向的。你不妨

瞧一瞧以下這份顯赫的名單：

個性內向的名人

伊瑟・艾興格（Ilse Aichinger），作家，奧地利

伍迪・艾倫（Woody Allen），導演、作家、演員、音樂家，美國

藍斯・阿姆斯壯（Lance Armstrong），自由車職業車手、環法公開賽七屆冠軍得主，美國

朱利安・阿桑奇（Julian Assange），記者、維基解密發言人，澳洲

布蘭妲・芭妮絲（Brenda Barnes），莎拉・李食品公司（Sara Lee）主席、總裁，美國

英格麗・褒曼（Ingrid Bergman），演員，瑞典

華倫・巴菲特（Warren Buffet），投資家、企業家，美國

卡考（Cacau），巴西裔德國國家足球代表隊成員，德國

佛雷德里克・蕭邦（Frédéric Chopin），作曲家、鋼琴家，波蘭

瑪麗・居禮（Marie Curie），化學家、物理學家、諾貝爾物理學獎與化學獎

得主，波蘭

查爾斯・達爾文（Charles Darwin），自然研究者、演化論提出者，英國

巴布・狄倫（Bob Dylan），音樂家、詩人、畫家，美國

克林・伊斯威特（Clint Eastwood），演員，美國

阿爾伯特・愛因斯坦（Albert Einstein），物理學家、諾貝爾物理學獎得主，德國

莫罕達斯・卡拉姆昌德・甘地（Mohandas Karamchand Gandhi），被尊稱為聖雄甘地、印度獨立運動精神領袖，印度

比爾・蓋茲（Bill Gates），微軟公司（Microsoft）創辦人，美國

阿爾佛雷德・希區考克爵士（Sir Alfred Hitchcock），導演，英國

麥可・傑克森（Michael Jackson），音樂家，美國

君特・耀赫（Günther Jauch），電視節目主持人、記者、製作人，德國

法蘭茲・卡夫卡（Franz Kafka），出生於布拉格的德語作家，奧匈帝國

伊曼努爾・康德（Immanuel Kant），啟蒙時期哲學家，德國

艾薇兒・拉維尼（Avril Lavigne），歌手、詞曲創作者，加拿大

羅利歐特（Loriot，本名為維柯・馮・畢羅夫〔Vicco von Bülow〕），幽默大師，德國

安格拉・梅克爾（Angela Merkel），德國總理，德國

艾薩克・牛頓爵士（Sir Isaac Newton），物理學家、數學家、哲學家、神學家，英國

巴拉克・歐巴馬（Barack Obama），美國總統，美國

蜜雪兒・菲佛（Michelle Pfeiffer），演員，美國

克勞蒂亞・雪佛（Claudia Schiffer），模特兒，德國

喬治・索羅斯（George Soros），投資家、基金創辦人，匈牙利／美國

史蒂芬・史匹柏（Steven Spielberg），導演、製作人、編劇，美國

嘉布莉・史瑞莉（Gabriele Strehle），服裝設計師（史瑞妮絲〔Strenesse〕），德國

蒂妲・絲雲頓（Tilda Swinton），演員，英國

真福加爾各答的德蕾莎（Teresa of Calcutta），修女、諾貝爾和平獎得主，阿爾巴尼亞／印度

查爾斯・蒙巴頓溫莎（Charles Mountbatten-Windsor），威爾斯親王（Prince of Wales）、康沃爾公爵（Duke of Cornwall），現任英國王儲，英國

馬克・祖克柏（Mark Zuckerberg），電腦工程師、臉書（Facebook）創辦人，美國

如你所見，在這個星球上，許多最成功、最有權力、最才華洋溢、最創新、最勇敢、最聰慧、最有趣的人物，全都是內向者。在本質上他們既不比外向者來得好、也不會比較差（只不過他們經常會如此認為）。促使他們成功最重要的因素之一無非就是：忠於自己。換言之，他們忠於自己的內向以及所有其他的特質。這是一個美妙的成功祕訣，在此我由衷地建議大家：請忠於身為內向者的自己，去做適合自己、符合自己需求的事情！正如上述的名人一樣，你將會以安靜、內向的方式發揮自身所長來改變這個世界。誠如美國鄉村音樂女王桃莉・巴頓（Dolly Parton）所言：

認清自我，特意為之！

附言：在此附帶向專業人士說一句，在學術文獻中，相較於「Extroversion」（外向性），多半是採用「Extraversion」的用法。不過本書跟隨通行用語採用了前者。這也讓我省卻了煩惱，對於作為縮寫的「Intros」（內向者）我是否必須要以「Extras」（外向者）來對應。

第一部分

你是誰？
你會什麼？
你需要什麼？

第一章

為何安靜低調?!

約納斯在某個聲譽卓著的科技大學學習工程。他有兩個死黨，他喜歡與他們一起看電影、做運動。此外，他平日也活躍於「Web 2.0」，並會透過「臉書」與「推特」和同學以及在校外實習中所結識的友人聯繫。不久前他才進入德國最知名的某家汽車製造商實習。可是情場上約納斯就沒那麼如意，在他所就讀的大學裡，女學生的比例很低，他也幾乎不參加任何派對或音樂會，因為那些強烈的聲響與洶湧的人潮對他來說簡直是種折磨。最近他在考慮，該不該透過交友網站跟適合的女性交往看看。

在學業方面，約納斯一帆風順，他已取得所有的學分證明，正在準備畢業考。不過對他來說，在大型研習團體前做報告是件令人尷尬的苦差事，各種口試更是令他膽顫心驚。閒暇時約納斯喜歡跑步，偶爾會在慢跑中觸發愛好的靈感，他喜歡拍攝一些結合風景與科技的創新題材，例如橋樑或工業建築等。

請問，什麼樣的人是內向的？

人大抵可以分為外向的與內向的。對於這種區分每個人多少有些概念，還可以在自己身上找出相關特質。然而，若更確切地檢視一下，無論在現實生活或是文獻中，兩者之間的界線馬上變得模糊。因為在內向、外向的表現形式與測定上有著不小的彈性空間。

這種特質主要取決於人格。我們天生帶有內向或外向的傾向，這也包括某些特性與需求，且在成長過程中形塑了我們。早在兒童階段，內向或外向的特質便已顯露出來。倘若不把這組概念視為相互對立，而是當成某項連續譜系的極端值，將能更清楚地理解這件事。事實上，每個人都具備內向與外向的特質，並擁有靈活操作的空間，而能夠在內向與外向的連續譜系中找到舒適區，並在其範圍內自我感覺良好。大部分的人會靠向中間區域，不過多少還是會往內向或往外向偏移。除了極端區域可能會帶來問題外，其實任何區段都是健康的。極端區域是指連續譜系的最終端，包括內向與外向的終端。無論如何，長期生活在個人舒適區之外是完全不健康的。例如約納斯在聽覺方面屬於內向的人，若長期讓他待在高度嘈雜的環境裡，不僅會大量消耗他的能量，也讓他無法從中獲得補給。假使他總是被迫去銷售車輛，而不是在企業的行政部門裡實習，他或許會長期不滿且精疲力竭。在極端的個案裡，過度活在自我舒適區之外確實會導致疾病。

內向與外向的特質其次取決於情境。這就好比建立了一條可供個人運用的軌道，可視實際狀況向外或向內轉向。人類具備神奇的適應能力，能依據情境適當地調整想法與行動，以便生存下去。基本上，在人生當中的任何時間點我們都可以這樣或那樣行為，這與內向或外向無關，而與智慧或紀律有關，也就是說，有意識決定的行為，會與因受到刺激而反應的行為完全不同。此外，在某個情境中所扮演的角色也會影響我們判斷該如何溝通。此時我們的行為可能取決於全然不同的問題，諸如我們比別人強還是弱？他人對我們有什麼期待？我們想要如何展現自己？

因此，在母親的生日宴會上，約納斯會在眾多親友中以模範兄長的姿態開心地與表弟們閒聊，他會恭敬地向阿姨們問好，並且極富耐心地回答她們的詢問。可是若將場景換到他所實習企業的商展會場上，情況就有所不同了，儘管他對與喧鬧的陌生人接觸興趣缺缺，他還是會戮力以赴，畢竟這是他的專業任務。即便是明顯外向的人，例如一些鬧劇演員，鐵定也有某些時刻會啞口無言或想刻意保持冷漠。不少我所認識的外向者在喧鬧中也都很享受（甚至需要）片刻的靜謐。整體說來，具有這樣的靈活是種幸福，因為內向與外向軌道不僅給予我們轉圜的自由，更豐富了行為的可能性。

文化因素

我們所身處的文化則是第三種因素，它或多或少要求往內向或外向的適應能力。像在日本，諸如平靜、獨處、沉思等便受到高度重視，在與友人的交談中，共同保持沉默是很稀鬆平常的。對於來自其他國家的內向者而言，這樣的經驗相當愉快。相反地，若置身於美國這個典型的「外向文化」中，對話者彼此沉默不語多半會令人感到尷尬甚至難堪，無論在個人生活或職場中與團體一同消磨時光可說是常態。因此，內向者在美國（或是德國，或是歐洲其他國家）必須比在日本更加以外向的行為方式去適應當地的生活環境，而在日本，他們容易找到適合內向的文化。

人生經歷因素

第四個因素則是在人生過程中所發生的偏移。隨著年齡增長，大部分的人都會越來越往連續譜系的中央靠攏，他們的內向或外向性格會趨於和緩。對於外向者來說，在人生的下半場中，內向不但變得更容易接受，而且還有其重要性，它可以幫助人反省自己與人生，並思索價值與意義。

儘管受到情境、文化甚至年齡的影響，內向與外向基本上是一種相對穩定的人格特質，它會表現出某些特性與傾向。對於關鍵問題的答案格外能突顯出這一點：

外向者與內向者的能量來源

內向或外向的關鍵問題：能量從何而來？

當某個人因面對壓力或精疲力竭而想重新充電，此時他會怎麼做呢？

對於這個問題有兩種解答：一種是，藉由與他人的交流來獲取能量。外子便屬於這類型。在緊張忙碌的一天之後他會跟朋友出去，或是踢場足球、參加同好集會，以達到放鬆的目的。會採取這種方式的人較傾向於外向。另一種則是，把自己「關閉起來」，盡可能避免各種刺激及言語，獨自進行復原。我就屬於這類型。在進行了一整天的研習之後，我會樂於獨自待在飯店房間裡一語不發地閱讀，或者跟某位好友見面，在兩人輕鬆的閒聊中恢復能量。在連續三天的研習之後，我需要給自己半天的時間才能重新充飽電。採取這種方式的人則較偏向於內向。

過多的刺激會讓內向者大舉流失能量。在職場上，從事一件必須同時處理許多事情的工作便會造成這種情況。而在個人生活中，像是充滿陌生人與喧鬧音樂的派對也一樣，如先前提到約納斯的例子，這是一種會讓年輕內向者感到身心俱疲的窘境。過度的刺激也會讓內向者萌生抽離的需求。相反地，外向者喜歡刺激，因為刺激可以提供他們能量。因此，當他們陷入孤獨或是缺乏新鮮感時，往往會尋求變化。例如在圖書館、醫院或分隔成獨立辦公室的公司時，他們總是喜歡往可以進行社交活動的空間跑，諸如咖啡廳、座椅區、茶水間或是方便打電話或使用電子通訊的區域。在各自獨立的辦公室裡，電話與電腦簡直就是重度外向者的救贖，因為這些工具確保了他們與外界的聯繫。

這並不是說，外向者就沒有抽離的需求、也不需要有寧靜的時刻。只不過，「獨處時間」是內向者賴以生存的條件，讓他們可以在歷經各種負擔或社交後自行復元。若是欠缺安靜，他們會變得過度敏感與心力交瘁。內向者需要較長的低刺激時間來恢復，唯有如此才能再度生龍活虎地投入混亂的日常生活。在瑞典的森林裡享受三個星期離群索居的假期，相較於外向者，這比較可能是內向者的夢

想。

請回答以下的問題：

稍後你就可以測驗出自己究竟屬於內向者還是外向者。在測驗之前，請問你是如何看待自己？

- 我比較偏內向。 □
- 我比較偏外向。 □
- 兩者在我身上幾乎同樣顯著。 □

這兩種類型並沒有好壞差別，它們只是單純描述了個人的傾向與需求如何被定位。當你知道的越清楚，就越能適性而為，並從事對你而言真正重要的事。有一點尤其重要：拿捏獨處以及與他人相處的時間，妥善地對這兩個部分配出適合你個人的正確劑量。學習有系統地提出以下問題：我現在需要的是什麼？你會發現，自己幾乎總是知道答案！

■適性生活的問題：我現在需要的是什麼？

風車與蓄電池

用個比喻或許能更清楚說明內向與外向在獲取能量方式上的差異。外向者產生能量的方式就好比「風車」。首先，他們需要來自外界的刺激藉以產生能量。其次，他們必須活躍於這個過程中，動態地參與運轉。相反地，內向者所採取的方式就好比「蓄電池」，他們在外面沒有風吹拂的平靜狀態下進行充電，並在這段期間放棄任何的活動。宛如「蓄電池」的內向者需要更多時間才能恢復活力。

內向者與外向者的腦

如今腦科專家已可證實，相較於外向者，內向者花了更多能量在大腦的活動上。在他們身上可以測出相對較高的電流活動，而且是常態性的，並非只出現在特殊的心智挑戰情況。這種高耗能的現象在額葉皮質尤為明顯，因為此區不斷在處理各種內在事件。諸如學習、決策、記憶以及解決問題，皆是由大腦的這個區塊負責。內向者在處理外部刺激時需耗費更多的能量，也因此他們的「蓄電池」會比外向者更快枯竭。外向者則如「風車」，可以一邊投入能量，一邊又蓄積能量。因此對內向者而言，有效率地運用自己內在的力量，顯得格外重要。

內向者的大腦較容易過度受刺激

內向者的大腦也比外向者的大腦更強烈感受到外界的刺激，它們對於周遭環境的刺激較為敏感，也因此較易過度受刺激，並且需要更多能量來處理接收自外部的印象。這意味著，例如只要一點噪音，便會對像約納斯這樣的內向者在進行如學習之類的心智活動時造成干擾。相反地，對於一些外向的同學而言，也許適度來點背景聲音（如廣播），反而會比在全然安靜的狀態下更容易學習。

這並不代表著外向者比內向者來得「有活力」。反過來說，內向者也不會因此就比外向者來得「沉悶」。就連「害羞」這個標籤也與內向無關。害羞的人最明顯的一項特徵就是社交焦慮，他們經常覺得自己還沒有準備好與他人接觸。這種焦慮與內向或外向的連續譜系無關，因為這兩種類型都有可能遭受這種感覺的「襲擊」。

內向不代表害羞或高敏感

就連「高敏感」這項特質也有異於內向。它指的是神經系統對外來影響不尋常的感受能力，這不僅會迅速造成過度刺激，也可能產生一種特殊的直覺。儘管有相當多高敏感的人都屬於內向，可是誠如心理學家伊蓮・艾倫（Elaine Aron）所證實，在高敏感的人中有百分之三十是屬於外向。你可以在附錄中找到艾倫女士的網頁以及一項測驗，它能幫助你進行個人的評估。

外向者與內向者：關於他們的發現與新知

距今約一百年前，西格蒙德・弗洛依德（Sigmund Freud，屬於外向者）發展出現代的精神分析。在他看來，性欲是人類潛意識的驅力。然而，卡爾・古斯塔夫・榮格（Carl Gustav Jung，屬於內向者）這位比他年輕的同行暨夥伴，卻以批判的態度反對這種論點。榮格發展出一套更全面的潛意識模型，除了性欲還有其他內容。不同的基本假設導致兩位學者的關係並不融洽，最後只好分道揚鑣，各自進行研究。

一九二一年榮格發表了他的名著《人格類型》（*Psychologische Typen*），書中他首次將內向與外向定義為從本質上形塑人格的兩種特徵。他區分出四種功能（分別為思考、感官、直覺、情感），無論是內向還是外向，這些功能都會進一步對他們的人格發揮作用。榮格所提出內向與外向的區別，在日後所有重要的人格類型學說裡都可找到。而最接近的，莫過於在美國廣泛流傳的「邁爾斯・布里格斯性格分類指標」（Myers-Briggs Type Indicator）以及「洞察測試」（Insights-Test），它們都考慮到了榮格定義的四種功能。然而，諸如「五大人格測驗」

（Big Five）、「賴斯個人評估」（Reiss-Profil）、「阿爾發加分析」（Alpha-Plus-Analyse）以及「結構程序分析」（Structogram-Analyse）也都把內向與外向當作特徵來應用，只不過，它們既沒有統一的定義，也並非總是用這樣名稱。例如「五大人格測驗」便很耐人尋味地將內向與外向這兩種特徵共同置於「外向性」這個總概念之下。

瑪蒂・蘭妮（Marti Olsen Laney, 2002）在其《內向心理學》（*The Introvert Advantage*）一書中指出，在與榮格不和之後，弗洛依德在自己的著作中將內向這個概念描述成帶有負面含義的自戀，至於外向則是給予健康、正面的評價。內向迄今所具有（在上述某些測驗中同樣表現出）的負面形象，是否該回溯到某位外向的學者與內向的同行之間所發生的爭執呢？

沃爾夫岡・羅特（Wolfgang Roth, 2003）指出了另一種關聯性，他認為：榮格試圖藉由對人格特徵的分類來解釋自己與外向的弗洛依德之間的不合，那件事長期困擾著榮格，並成為他的沉重負擔。

不過，重要的是，榮格並非根據內向或外向的程度來評價人。他認為，這兩種具有相異特質的類型同等重要與可貴。就榮格看來，內向與外向不僅可以互補，更能幫助彼此拓寬視野與產生新視角。因此，在某項計劃中，若內向的同事能確保新的轉轍器定位通過精密的檢驗，那麼外向的同事便可順利地從公司得到支援。又例如，內向的父親能夠體貼地給予正值青春期的外向女兒某些限制，且不會引發反彈，這在外向對外向的溝通中卻很容易引起衝突。

大腦生理學的重要性

科學在現階段已得到一些進展。關於內向與外向，大腦生理學這個領域格外引人矚目。這雖非醫學方面的成就，不過從自然科學領域獲得的知識本身就是一個引人入勝的故事。自上個世紀九〇年代起，許多與中樞神經系統個別區域有關的研究證明，內向與外向連續譜系並非只是心理學的假設，更是生物學上的真實情況。這意味著，我們的人格與行為符合實際存在於大腦的生理條件。然而，並不能因此斷言，我們「必須」以特定的方式溝通或行為。這些生理特徵只是可以回推我們的長處與傾向。

茲將最重要的相關知識簡述如下：

內向大腦與外向大腦大不同！

1. 相較於外向受試者，在內向受試者的額葉皮質能實際測到更高的電流活動。各種內心事件都在此區進行處理。諸如學習、決策、記憶及解決問題皆由此區塊負責（Roming, 2011）。
2. 美國醫師黛博拉・強森（Debra Johnson）於一九九九年證實，內向性與前述額葉區裡較高的血液流量有關。此外，她還指出，內向與外向的差異是由於血液在大腦中不同的運行路徑所致。事實上，內向者具有較長的傳輸線路，相較於外向者的大腦，外來刺激在內向者的神經傳導路徑中有更長的路要走。這也就是為何內向者有時需要更長的時間來思考或反應。
3. 在內向者與外向者的大腦裡，具有主導地位的神經傳導物質有所差異。這些訊息物質可以影響大腦皮質的活動，其中包括了傳達滿足與舒適的感受（Roth, 2007）。神經傳導物質所走的路徑是由反覆發生的行為所建立，而這些路徑又造就了我們出於習慣所為的一切。對於各種不同的神經傳導物質，每個人都擁有一套個人專屬的「水位標準」，它取決於遺傳。外向者的多巴胺（Dopamine）有明顯較為旺盛的活動，相對地，內向者則是具有較多的乙醯膽鹼（Acetylcholine, Olsen Laney, 2002）。

4. 這兩種神經傳導物質具有截然不同的功用：多巴胺是增進活動力、好奇心、對變化的尋求、對報償的期待。相反地，乙醯膽鹼則是在專注、記憶與學習等方面格外重要（Roth, 2007）。蘇珊・坎恩（Susan Cain）將這項神經生物學方面的差異歸結成：外向者是「報酬取向」，而內向者則是「安全取向」（Cain, 2011）。

不同的取向也導致兩者在溝通方面有所差異。外向者在其生物基本條件的影響下，傾向於歡樂、激動、情感豐富甚或亢奮，此外，他們也較願意承擔風險，例如他們較容易與人發生衝突，在談判交涉中較會做出大膽、冒險的舉動，面對較大量的群眾時往往會覺得更加自在。相反地，內向者較少感受到強烈的亢奮感，他們較重視在行為之前先仔細地觀察與傾聽，他們寧可避免衝突，本身也鮮少具有攻擊性。甚至還有某些相關研究宣稱，內向者比外向者來得忠誠……。

5. 這些神經傳導物質處在一個更大的脈絡中。在我們的植物神經系統（Vegetative Nervous System，亦即那個一切都「自動」運行的部分）

裡有兩個相互對抗的對手。交感神經（Sympathicus）負責幫助身體完成某些事，諸如攻擊、逃逸或與外界接觸時特別費神的狀況，它都會為身體做好準備。在傳遞刺激時交感神經會運用「外向傳導物質」多巴胺。相反地，副交感神經（Parasympathicus）則是負責完全相反的一面，諸如平靜、復原、保護。它會降低心跳、增進消化。在傳遞刺激時副交感神經則會運用「內向傳導物質」乙醯膽鹼。

6. 瑪蒂・蘭妮（2002）從這樣的脈絡（以及進一步的相關研究）得出以下的結論：在生理上，內向與外向之間的差異主要是因為不同的植物神經系統基本條件所致。交感神經的活動形塑了外向，副交感神經的活動則形塑了內向。此外，（根據前述黛博拉・強森一九九九年的研究報告）外向者顯然比內向者更依賴外來的刺激，因為他們的體內無法提供同樣強度的刺激。因此，外界的平靜以及與外界隔絕對外向者而言是種挑戰。狄恩・哈默（Dean Hamer）與彼德・科普蘭（Peter Copeland）這兩位學者指出，對外向者來說，欠缺外來的刺激（諸如例行公事、死氣沉沉的人、呆板的儀式等）意味著刺激不足（Hamer/Copeland, 1998），當欠缺刺激為時過久，外向者很容易感到不安或無聊，他們就像是停用了多巴胺一般。

7. 因此，在生物學上的確可以解釋，為何外向者需要從活躍、以外在為導向的行為中獲取能量，而內向者則是在平靜中找回他們的能量。這兩種獲取能量的方式正好呼應了在植物神經系統方面不同的實際狀態。

舒適區是一種自然生境

對於我們所討論的區別，其科學方面的基礎大致如前述。透過這些背景說明我們可以更清楚理解到，為何盡可能處在內向與外向連續譜系上的舒適區會是健康的。它就如同我們的自然生境（Biotope），我們的基本生理條件最適於這樣的狀態，讓我們可以用最輕鬆、愉快的方式經營我們的人生。

內向者還是外向者比較多？

然而，並非所有與內向及外向有關的問題都能找到科學的正確解答。這可以從一個有趣的問題看出，透過不同的觀察角度便會得出不同的解答：與外向者相比，內向者是否為少數？

內向者往往較少受到注意，可是他們無處不在

由於溝通時比較容易聽見與看見外向者，相形之下內向者往往不被察覺，因

此外向者在群體裡很容易給人占多數的印象。瑪蒂・蘭妮在她的書裡引用了諸如奧圖・克魯格（Otto Kroeger）與珍娜特・蘇森（Janet M. Thuesen）的說法，他們認為，全球的人口大約有百分之七十五是外向的；而蘇珊・坎恩則認為外向者占全球人口的比例應該介於百分之三十到七十之間。羅莉・海爾格（Laurie Helgoe, 2008）與黛芙拉・札克（Devora Zack, 2012）在關於內向的研究中則認為，內向者與外向者的分布應該是五五波的狀態。「邁爾斯・布里格斯性格分類指標」的相關文獻也採相同看法。

儘管我們無法準確計算出真正的比例，不過可以確定的是，確實存在很多、甚至是非常多的內向者。下一段將接著討論，內向者如何與周遭的人相處。對於本書的核心主題（亦即溝通），這個問題要比任何比例關係都更為重要。

正確劑量的人

內向者是不合群的嗎？

在社交中，態度謹慎的內向者很容易被認為「不合群」。這是錯誤的看法。內向與友善或對他人感興趣等，這些特質是完全不同的人格領域。當然，的確有許多離群索居的阿宅，只透過網路與社會保持聯繫。另一方面，同樣也有不少內向的溝通專家（例如你將在第六章讀到的安妮），他們樂於且每天都接觸到許多形形色色的人。即便在外向者當中也有各種不同的性格，並非每個外向者都長袖善舞，事實上，很多外向者根本不擅長社交。人都是社會性動物，我們需要彼此。然而，「需要」是一個指涉很廣的概念，例如嬰兒「需要」他人的照顧才能存活，成年人則「需要」他人的交流與陪伴，對於人權組織而言，隔離是種酷刑。所有人也都「需要」去觀察別人，藉此得出行為準則。

與他人建立正向聯繫的能力，含括了許多特質，例如對他人感興趣、為人著想、尊重、同理心，甚至是產生罪惡感的能力。而內向或外向完全不會影響一個人是否具備這些特質。

內向者在社交中耗費能量，外向者卻可藉由社交獲取能量

內向者與外向者都「需要」他人，但並非就如上一節所描述的情況，而是另有不同的表現方式。對內向者而言，與周遭人的接觸始終是一種「投資」。如之前段落所提到的，內向者在與他人溝通時會耗費許多能量，在較大的群體裡尤其吃力。外向者卻能從接觸中得到些什麼，亦即由神經傳導物質與珍貴的能量所形

成的「報酬」。不妨回想一下，宛如「風車」的外向者迫切需要風，需要與周遭的人交流，而宛如「蓄電池」的內向者迫切需要抽離，儲備能量。此外，在與他人社交時外向者多半會感到愉快，因此他們也較容易去關注外界的觀點。

儘管內向者在社交中也能感到愉快，但畢竟還是有所差別。內向者其實不太需要刺激，同樣在與外界隔絕的情況下，內向者的大腦會比外向者的有更多的活動。因此內向者往往覺得社交很傷神，會盡量去避免，他們只接受少量的邀約，寧可保持被動，不會刻意親近他人。不過內向的人也有偏好的溝通形式，他們喜歡與一或兩位對象談話，而不喜歡在一個較大的團體中進行交流。比起爆滿的大禮堂，他們寧可在小空間中演講。而不管一場談話是如何地激勵人心，唯有當他們在平靜後將刺激予以消化，才能補回先前所付出的能量。

因此，在必須處理許多外來刺激的情況下，內向的人會傾向於與外界保持距離。這很容易讓外向的人誤以為：「他們不擅長與人來往！」更嚴重的甚至認為，內向的人很自我中心，無意與他人交往，簡直就是孤僻。親愛的外向讀者們，事情不是這樣的！相較於外向者，內向者需要投入更多的注意力在他們旺盛的精神生活上，外來印象會不斷與個人的經驗、立場或價值觀做比較，並重新調整。在如此密集的心智活動下，內向者的「記憶體」當然容易呈現滿載的狀態。

■內向的你請安排個人所需的適當「暫停」！

理想的恢復期

對內向者而言，獨處的時光格外有益，他們能藉此消化一些事情並且進行復原。透過獨處，可以避免過度刺激、疲勞或是受到談話的牽絆。在這樣的前提下，抽離的需求不是不合群。相反地，內向的人希望理解周遭發生的事，因此格外密集地消化它們，也會費心去設想周遭人的處境。簡言之，在內向者身上其實「發生」了更多的事，只不過這一切都無法被看到罷了。在與內向者往來時，外向者很容易會產生對方不夠體貼、無聊，甚或拒人於千里之外的感覺。這些又是錯誤印象！

靈活的內向者

由於不同的腦部結構，內向者若能適度調整與他人相處以及獨處的時間，會是很有幫助的。至於當中的比例該如何拿捏，要視個人在內向與外向連續譜系上舒適區的實際狀況而定（參閱前文「請問，什麼樣的人是內向的？」一節）。的確是有高度需要平靜或極為孤僻的內向者（在連續譜系的內向邊緣區），他們在社交後需要更長的平靜期。相較之下，那些接近連續譜系中間的內向者，較短的休息時間便能復原，他們不但喜歡與人來往，並且很容易跨到外向者這邊。海爾格（2008）將他們描述成「易與社會接觸」的內向者。我則以「靈活的內向者」來稱這些易趨外向的內向者。

乍看之下，這些靈活的內向者實與外向者無異。許多屬於此人格類型的人不但喜歡與人接觸，更是相當成功的社交達人。唯有在能量管理方面才會顯現出他們與外向者的不同，他們需要一段平靜期或休整期，才能再度精力充沛地與周遭的人往來。

正由於這類內向者看起來易於親近，平靜期常會帶來困擾，因為周遭的人多半看不出來，靈活的內向者其實也有獨處的需求。即便是易與社會接觸的內向者，往往也要在很久之後才明瞭，自己原來是有抽離與平靜的需求。畢竟對他們來說，與他人互動是快樂的！然而，他們的社交能力完全不受自身抽離需求的影響，也因此靈活的內向者格外容易過度耗損能量，一方面他們並未強烈感受到自己的抽離需求，另一方面他們也很享受與他人社交。如果能夠非常有意識地安排好暫停與休息的時間，他們將從中受益良多。

可以確定的是，內向者與外向者一樣具有社會性，他們重視藉由可靠的互動

建立清楚的人脈網絡。現在請評估一下你的個人偏好。以下的問題能幫助你。

請回答兩個問題：

與什麼樣的人在一起你會感到格外愉快？

哪些情況會讓你覺得特別自在？

你是個內向者嗎？

「你是內向的人嗎？」這也許是本書最重要的一個問題。在認識了內向的許多重要特質之後，現在該是為你自己定位的時候。你到底處在內向與外向連續譜系的哪個位置呢？當你找出自己的位置，便能找到在面對自己與他人時，你的長處與障礙。此外，你將省下許多力氣，不再把它們「投資」到成為一個你並不是那樣的人上頭。不僅如此，你更可憑藉對自己的重新認識，而在特定的處境中有意識地去審視：你有哪些需求？

以下的測驗將幫助你自我定位。請準備一杯自己喜歡的飲料和一支筆，花上大約一刻鐘的時間來確認，你是否是個內向的人？

請在下列所有陳述中勾選符合你的項目。

1. 談話時，如果別人需要過久的時間才有回應，我會容易不耐煩。 ☐
2. 我喜歡單獨與人交談勝過同時與多人交談。 ☐
3. 當我將自己的想法透露給他人時，我會更容易明白自己的想法。 ☐
4. 我喜歡我的四周整齊清潔。 ☐
5. 我喜歡「一根腸子通到底」，迅速地採取行動，而非再三斟酌考慮。 ☐
6. 當我精疲力竭時，我只想回家休息。 ☐
7. 面對說話速度快的人容易讓我感到疲憊。 ☐
8. 我有屬於自己非常獨特的品味。 ☐

9. 倘若我可以，我會避開大量的人群。 □
10. 即便是與陌生人閒聊，我多半也會覺得輕鬆。 □
11. 處在人群中過久，我常會感到疲憊甚至不愉快。 □
12. 當我在說話時，他人多半會好好地聆聽。 □
13. 當有人長時間在家裡作客，我會期待他們可以幫忙做點事。 □
14. 在進行某個計劃時，我寧可安排成數個較短的段落，也不想長時間一氣呵成。 □
15. 有時在過多或過吵的談話後我會極度精疲力竭。 □
16. 我不需要很多朋友，因此我很看重真實、可靠的友誼。 □
17. 我不太會去想別人都在做什麼。 □
18. 我認為睡眠充足很重要。 □
19. 新的場所與環境會讓我覺得興奮。 □
20. 突如其來的干擾與出乎意料的狀況會讓我覺得很累。 □
21. 我相信，人們會認為我很文靜、無聊、難以親近或害羞。 □
22. 我喜歡觀察而且會注意細節。 □

23. 相較於書寫，我更喜歡交談。□
24. 在做決定之前，我多半會先充分了解事情的來龍去脈。□
25. 對於緊張的人際關係，我往往要很久之後才會覺察。□
26. 我具有敏銳的審美能力。□
27. 有時我會找理由不去參加某個慶祝活動或某個社交場合。□
28. 我很容易相信別人。□
29. 我喜歡思考並對事物抽絲剝繭。□
30. 我會盡可能避免在眾多人面前發言。□
31. 傾聽不是我的長處。□
32. 有時他人的期待會給我很大的壓力。□
33. 我多半能以運動家風範看待對我個人的言語攻擊。□
34. 我很容易感到無聊。□
35. 若有特別的事情要慶祝，最好能大規模地舉辦，例如一場真正的慶典或是許多人參與的饗宴。□

現在請你分類整理一下你所勾選的陳述：

內向陳述：2、6、7、9、11、15、16、20、21、22、24、27、29、30、32

外向陳述：1、3、5、10、12、14、17、19、23、25、28、31、33、34、35

第4、8、13、18與26項陳述則與內向及外向完全無關，它們其實只是為了要防止你落入作答的慣性。

你的測驗結果如何呢？

若你勾選的內向陳述至少比外向陳述多出三個以上，那麼你便屬於內向者：

內向陳述勾選得越多，你的內向性格便越明顯。透過本書你將學會認識自己的需求並運用自身長處。請讓這些寶貴的認知陪伴著你！

若你勾選的內向陳述與外向陳述差不多，且相差不超過兩個：

你介於內向與外向之間，對於這兩種人格類型皆能良好適應，可以稱為「中庸者」。你的行為格外具有彈性。透過本書你將能全盤了解屬於你內向的一面，也就是那個對你而言或許不太明顯的區塊。

若你勾選的外向陳述至少比內向陳述多出三個以上，那麼你便屬於外向者：

外向陳述勾選得越多，你的外向性格便越明顯。接下來你會看到內向者如何思考與行動，也將明白身為外向的你與他們有何差異。你會對周遭許多人有更深刻的認識，並與他們有更好的往來互動。

認清自己，我們會變得強大

典型的外向，典型的內向

現在你對自己做了一番評價。白紙黑字如你所見地做了勾選，測驗的結果應該不會讓你感到很意外。這項分析可以為你做到以下兩件事：首先，與其他人（以及他們的測驗結果）比較看看，並在某段關係中改善對彼此理解。其次，以這些陳述為基礎找到依據，幫助自己在人生中發揮身為內向者或外向者的長處，照顧好切身需求。正是這一點造成了關鍵性的差異：當我們認清自己、肯定自己的特質、掌握自己的長處與需求，我們便能發揮最強大的潛力。

內向與外向對照表

若想對內向與外向有系統性的概觀，可以進一步參考以下的對照表。它顯示典型的外向與內向如何思考與行動。此處強調的是「典型」，如先前提到過的，有極明顯的外向或內向性格的人其實並不多。

請回答以下的問題：

請藉由左列對照表再次確認，怎樣的內向與外向人格特徵是你所具有的？

整體而言具有較多內向的特質 □

典型的外向者	典型的內向者
透過與他人接觸來恢復能量（好比「風車」）	透過平靜與獨處來恢復能量（好比「蓄電池」）
從做事與社交中獲取能量	在做事與社交之後需要時間休息，此時最好是獨自一人
說話與行為往往出於衝動而未經深思熟慮，並且在談話中才會弄清楚自己的想法	說話或行為前總愛先深思熟慮一番，談話內容在經過反思檢驗後才會說出口
寧可直接採取行動，以取代長時間的觀察	做很多的觀察，採取相應的行動
面臨時間壓力與截止日期時會變得活力十足，喜歡速戰速決	面臨時間壓力時會倍感疲憊，思考或做決定時偏好有較寬裕的時間
喜歡交替著處理不同的計劃	喜歡針對一件事全面且完整地進行
不太需要個人的空間	重視個人的空間（諸如自己的房間、在群體中與其他人保持距離）
在自己看來有很多朋友	在自己看來只有少數幾個可信任的人能稱得上朋友

整體而言具有較多外向的特質 □

兩類特質大致同樣明顯 □

覺得閒聊既刺激又有趣，樂於主動與許多人展開新的接觸	覺得閒聊既費力又膚淺，偏好與一人或少數幾人進行深入的談話，寧可等待別人主動來接近
很容易感到無聊	不太需要外來的刺激
喜歡在團隊中與其他人合作	喜歡獨立作業或是與另一人合作
容易分心	容易受干擾
需要來自於人、場所或活動的刺激	喜歡鑽研自己的想法
重視自己所做所為獲得的肯定與正向回饋	重視自我認可，這會給自己安全感並降低自我懷疑
喜歡發言多過於傾聽	喜歡傾聽多過於發言，不過對於自己認為重要的事也樂於多加談論，尤其是在小圈子裡
很快便會說出自己的想法與感覺	在謹慎的考慮下分享自己的想法與感覺，至於極度隱私或容易引發衝突的內容往往完全不提或只對少數信任的人說
經常顯得不安、焦躁、不耐煩、高度活躍	經常顯得安靜、無存在感、難以親近、傲慢
在較大的群體裡、面對出乎意料的狀況或是壓力，會感覺彷彿到了自己的主場。喜歡與較大的群體交流	在較大的群體裡、面對出乎意料的狀況或是壓力，總有受拘束的感覺，在極端的情況下甚至會頭昏眼花。偏好兩人面對面或與少數人對談
有時會給人具有攻擊性的印象	有時會給人拒人於千里之外的印象

對許多事物感興趣並且略知一二	只對少數事物感興趣，並對它們知之甚詳
喜歡不複雜、易取得的資訊	重視細節
不會把事情看得太針對個人，在衝突中不會感到太痛苦	容易把事情看得太針對個人，感覺衝突是沉重的負擔
「卡」在漫長又複雜的發展或決策過程中倍感疲憊	即便處在漫長又複雜的發展或決策過程中仍能堅持且專注
說話往往大聲、刻意強調、節奏明快	說話往往輕聲、少刻意強調

這個世界需要內向者與外向者

怎麼樣？你是內向還是外向呢？這兩種人格類型各自有特別適合它們發展的不同環境。同樣地，也有各種充滿挑戰的情況是它們必須各自去適應的。在接下來的章節中將會進一步的討論。

重要的是，不論你的測驗結果是什麼，內向與外向都是這個世界同樣需要的。因為人類（如同其他的動、植物）可以藉由這樣的對立特質得到互補。為了繁衍與發展，人類需要男性與女性、理性與感性、定居與遊牧、外向與內向……。外向者可以提供內向者所欠缺的，例如果斷的前進、迅速的反應、動力，內向者也可以補強外向者的弱項，例如明智的沉靜、深刻的關係、反思、傾聽。內向者的這些與其他長處則是下一章的討論重點。

本章重點整理

- 內向者與外向者主要的差異在於獲取能量的方式：內向者需要抽離與平靜，外向者則是從活動或與他人的接觸中汲取能量。
- 內向與外向是一個連續譜系的兩極。每個人都有自己在這個連續譜系上的舒適區。人最好大多數時間處在這個區域裡，否則健康會受到影響。游移在內向與外向之間是正常的，它會因文化、情境、扮演的角色、年齡，甚或心情而有所變動。
- 內向、害羞、高度敏感是三種不同且無直接關聯的特質。
- 內向與外向人格的區分可追溯到榮格。在相關文獻中有時外向特質會被描述成比內向特質更「健康」，這種觀點站不住腳，反之亦然。
- 內向者與外向者的腦部組織與腦部活動型態都有所不同。
- 內向者與外向者對自己的需求與傾向認識得越清楚，就越能輕鬆、愉快地面對自己並與他人往來。
- 世界需要這兩種人格類型的特質！

第二章 內向者的長處：祕密的寶藏

長處藏寶箱

內向者具有自我批判的傾向

本章就如一只藏寶箱，在這裡你可以對內向者特有的長處有所認識。對我而言這部分格外重要。在一個看重外向溝通方式的世界裡，內向者的才能、成就與不可或缺的特質很容易被忽視。事實上，內向者憑藉其長處同樣可以遂行其利益、鼓舞他人、展開並深化與他人的接觸、充滿自信地迎接挑戰。簡言之，所有在溝通方面外向者辦得到的，內向者同樣也辦得到。他們會採取自己的方式，運用自己的工具。

以下內容正是以這些工具作為主軸。在多年來研究內向者的過程中，我將這些工具收集起來，並將它們做了整理。某些當事人甚至對自己在溝通方面的這些長處渾然不覺。內向者具有嚴以律己的傾向，往往必須先有意識地發現自己好的一面。嚴以律己是件好事，因為他們會以高標準要求自己，期許自己的所做所為達到所立下的標準，然而過於批判自己容易降低自信，在嚴重的情況下甚至會導致自我毀滅。

為了不（再）讓這樣的事發生在你身上，你不僅要清楚觀察自己的長處，還要培養一種能力，去認識自己長處所具有的價值。接下來的內容將幫助你完成上述任務。這或許意味著，你將有許多全新的發現，因為眼前擁有的，往往被看作是理所當然。此外，由於內向者的長處通常很低調安靜，也因此被忽略。其實內向者的長處可以在與自己或與他人的溝通中發揮巨大的影響力。我保證，在閱讀完本章之後你必能找出自己的優勢。

透過第一章的說明可以知道，在神經生物學方面，內向者的「運行方式」與外向者不同。內向者的大腦傳導通道與植物神經系統，特別有利於專注、學習、自省與記憶。相對地，外向者的大腦則是較有利於活潑的行動以及接受外來的刺激。

兩種類型的特殊長處同樣也奠基於此差異上。然而，這並不意味著，「所有」內向者都具備以下「全部」十種強項。此外，這也不代表著，所列舉的強項完全只屬於內向者，事實上，外向者也可能強於分析或精通寫作。只不過，以下

十種長處特別常出現在內向者身上，這不單是我個人長期觀察的結果，與內向者有關的各種研究也都得出相同結論。閱讀本章時，請最好不斷反問自己以下這個問題：

■我能在自己身上觀察到這些長處嗎？

在閱讀完本章後，你可以將自己的答案以一目了然的方式整合起來，讓那些成果成為你個人專屬的藏寶箱。為了方便讀者們有個初步的認識，先以關鍵字整理出一個概述。

內向者的長處概述：

長處一：謹慎

行事小心，避免風險與冒險，仔細觀察事物，態度恭敬，發言之前先經思考，不冒失，逐步釋放與自己有關的資訊

長處二：實在

依據自己的深刻體驗，強調本質，傳達有意義、深度與素養的內容，言

之有物

長處三：專注

能集中注意力、將能量投注於某個內在或外在的活動上、密集且持續關注著某件事、聚精會神

長處四：傾聽

從對方的言談中過濾出資訊、立場與需求、能建構對話

長處五：平靜

以內心的平靜作為專注、放鬆、清楚認知以及實在的基礎

長處六：擅長分析

擅長計劃與組織、擅於對錯綜複雜的關係抽絲剝繭並藉此有系統地從中找出資訊、立場、解答與對應措施

長處七：獨立

能獨處、自主、不在乎別人的看法而恪守自己的原則、能自我節制

長處八：穩定

富有耐心，並且能在某件事情上長期奮戰以求達成目標

長處九：書寫（取代談話）

相較於用口語，更偏好也更擅長以書寫的方式來溝通

長處十：為人著想的能力

能體諒溝通對象的處境、較少與人發生衝突、優先考量共同點與共同利益、願意妥協、能有謀略地斡旋

長處一：謹慎

在細膩的互動中表現出敬意

乍看之下，在溝通方面謹慎似乎根本不是什麼特別的長處。然而，這種看法是錯的。一個謹慎的人會在與他人的互動中以細膩來取代粗野與壓迫，他會去理解對方、尊重對方，不會堅決主張自己的立場。

如你所知，內向者與外向者具備不同的神經生理條件，這導致外向者的行為有報酬取向，內向者的行為則有安全取向。而謹慎這個長處正是追求安全的正面結果。在冒風險之前內向者會先全盤觀察並深思熟慮一番，如果他們非得冒風險不可的話。

並非只有在高空彈跳或金融資產方面才有風險，就連溝通也可能危機四伏。諸如大膽的比喻、具有攻擊性的建議、突發奇想或正面攻擊，這些都不是謹慎的內向者所樂於採用的工具。在與他人的互動中他們很重視兩件事：首先，他們偏好採取敬而遠之的態度。不會輕易對人掏心掏肺。他們煩惱些什麼、重視什麼、傾心於什麼，這些只會保留給真正的好朋友。他們對人客客氣氣，寧可先保持安全距離。其次，謹慎的人不喜歡脫口說出一些未經思考的話，也不喜歡因一時衝動做出決定。他們對自己有更多的期許，在表達意見之前會再三斟酌。對於他人未經思索的言語，他們也會給予負面的評價。

謹慎也可能帶來過度矜持的反面效果，令內向者不容易與他人談論自己或分享自己有興趣事物。這會讓外向的對話者覺得內向者冷漠、拒人於千里之外。在極端的情況下，謹慎甚至會變質為恐懼，反倒成了內向者的障礙。下一章就會從這個問題談起。

事實上，內向者的謹慎態度可以讓對話者產生好感，他們會感到自己受對方重視，但不會有遭人咄咄相逼的負擔。此外，內向者以謹慎的態度所表達出的意見得體且言之有物。這一點正可以順勢接續到第二項長處上。

當謹慎變成畏首畏尾

長處二：實在

有深度的溝通

內向者幾乎是不斷在消化各種外來的刺激，他們總是持續在處理自己觀察、思考與經驗到的事情。在醒著的時間裡，他們思索自己與他人、意義與價值、應然與實然等問題。這種內向者大腦特有的幕後活動讓他們積累出「實在」這項資產，這是相當美好的結果。這意味著，內向者所做的溝通（與他人分享的事）基本上都是有深度的。由於所陳述的內容泰半已先在腦海裡經過一番過濾與檢驗，諸如重要性、正確性、準確性、事情原委等。因此，內向者的陳述往往具有意義、深度或素養。所謂的「實在」指的便是這三方面。

看重深厚、真摯的友誼

「實在」也會影響到與他人來往的方式。對於一個「實在」的人來說，在社交場合中，與少數人進行真正的對話，會比粗淺地結識一群人來得值得且愉快。此外，相較於意見的措詞與表達，他們更重視的是意見的內容。他們可以與人建立起深厚、真摯的友誼，並且至死不渝。相較於龐大卻鬆散的人脈，這些極為罕有的關係對他們來說更為重要。

被動的印象

不過「實在」也有其缺點，它跟許多美好的事物一樣都需要熟成的時間。換言之，在需要「迅速」溝通的情況中，極為「實在」的人往往動作太慢，因為若想達到期望的深度，大腦需要付出相應的處理時間。在權衡利弊或據理力爭的情況下更容易陷入這樣的困境。如此一來，極為「實在」的人會給人一種被動或遲鈍的錯誤印象，因為在他們腦袋裡的密集活動是不會被人看見的。

相反地，虛榮的行為與無關緊要的交流，對「實在」的人而言並不重要，有些人甚至對此完全陌生。這種態度在許多情況下都有利於內向者，包括要進行一場好的談話、學術辯論，研讀哲學性文章，或是在一場解決問題的企劃會議中。

長處三：專注

許多內向者都具有相當厲害的專注本事，他們可以長時間全神貫注於某件事情上。這點不難理解，因為不同於外向者，內向者不太需要反饋，也不依賴外來的感官刺激。深度專注能在許多方面帶來好結果，例如專注的人做事會比容易分心的人更順利更好，而他們所專注的事情有很大的可能會持續成長。溝通研究方面的前輩尼古勞斯・恩克爾曼（Nikolaus Enkelmann），曾將這項成長原則列為人生發展的十四項法則之一，並稱為「專注法則」。

專注所帶來的強大實力

專注的人會付出全部精神與氣力來處理現在正面對的事，他們會散發出某種力量，不僅能增加氣勢，還能讓與他們對話的人留下深刻印象。例如演講時內向者能運用這些低調的手法來吸引觀眾的注意，而不需要依賴投射在你身上的聚光燈。溝通時你既不需要舞台的中央位置，也不需要大批聽眾。對你的談話對象來說，這會帶來愉快的結果：你可以配合他們，給予他們真正的關注。在社交中關注是很有價值的「貨幣」，因為每個人都需要「被別人認真對待」的感覺。專注的能力是多麼珍貴的一項資產啊！

溝通時能真正給予他人空間的人，將在社交場合中體驗到許多美好的交談，這些交談還會從長處二（實在）那裡得到額外的養分。接下來的長處也是一項助力。

長處四：傾聽

獨白取代了真正的對話

傾聽可算是人際關係中被嚴重低估的一項能力。若仔細觀察典型的交談，將會發現，特別是在那些外向者的對話組合裡，所謂的「對話」其實只是一系列的獨白，當一方說話時另一方並沒有全心聆聽，而是在思索自己想說的話。然而傾聽是有機會在互動中創造一段真正的對話，讓對話的一方針對從對方那裡所聽到的事，進行更深刻的討論。如此一來，對話結束後才能完全明白對方的觀點。

內向優勢：真正的傾聽

許多內向者的傾聽能力遠超過平均水準。身為天生的觀察者與外來刺激處理者，他們會吸收清楚理解的資訊，並運用到接下來的思考與回答中。他們懂得從陳述中過濾出扼要的內容，並藉此釐清，什麼對他人是重要的？哪些資訊是有意義的？一切又如何相關？因此，真正的傾聽是一種非常主動、密集的活動，它們會從長處三（亦即專注）那裡獲得額外的動能。

對於說話受到傾聽的人而言，傾聽是難能可貴的長處，因為對方的洗耳恭聽給予他全然受到尊重的感覺。人人都能從中獲益，無論是要建立關係、緩和交涉的氣氛或是解決紛爭，傾聽都能帶來意想不到的正面影響。

長處五：平靜

內在與外在平靜的意義

平靜這個概念具有雙重含義。「外在的平靜」意味著沒有外來刺激，「內在的平靜」則是一種心靈狀態。雖然這兩種面向都可以在溝通中幫助內向者，但嚴格說來，只有內在的平靜才屬於個人的長處。儘管如此，外在的平靜對內向者的重要性仍是不可小覷。

外在的平靜

內向者都知道，密集工作或是補充新能量時，外在的平靜對他們是有益的。例如若必須思考或是在一段令人身心俱疲的經歷後，內向者會將自己抽離到安靜的空間，以取得平靜。在日本這種傾向內向的文化裡，即便會談時保留共同沉默的空間，仍能維持良好的氛圍。溝通專家建議，在某些情況不妨刻意保持沉默。對於內向者而言，這可當作一種有力的修辭工具，不論是在閒聊時（參閱第六章）或是在與人談判交涉中（參閱第七章）。外在的平靜所帶來的益處就在於排除了刺激，這不僅有利於消化所吸收的資訊，也能幫助內向者獲得內在的平靜。內向者若無法讓自己在少刺激的環境中得到平靜，便會明顯感覺到緊張、神經緊繃、疲憊。

平靜是健康的

外在的平靜是舒適感的來源之一。芬蘭有一項與心血管疾病相關的長期研究（《芬蘭青年心血管風險研究》〔*Cardiovascular Risk in Young Finns Study*〕），結果顯示，對聲音敏感的女性平均壽命較短。在聽覺壓力與身體壓力之間顯然存在著某種關聯性，這會導致脈搏與血壓升高，增加中風與心肌梗塞的風險。內向者往往聽覺敏感，這項研究的結果對內向者是重要的警訊。盡量安排較長的聲音貧乏期，不僅能讓內向者感到舒適，同時有益健康。不過目前尚不清楚，這樣的狀態對外向者是否同樣有益？

榮格早已指出，內向者顯然比外向者較不需要外來的刺激。許多內向者覺得外在的平靜會讓他們感到自在，無關乎能量的汲取。事實上，他們藉由自己旺盛的「精神生活」已獲得充分的刺激，所以較不容易受外界的吸引而分心。這讓他們有更多空間去進行思考或消化知覺到的事物。內向者的平靜對外向者而言也是很有價值的，因為內向者能激勵他們留意自身以及自己的需求，並且三思而後行。從這個角度來看，創造外在平靜的能力應被視為一項長處。

內在的平靜

然而，平靜並非只是無外來刺激而已，它也是通往明晰的唯一道路（誠如千百年來的心靈傳統所示），包括認識自己、別人或生命。這裡指的是「內在的平靜」，此狀態能在腦部引發可測度的改變。

從經常沉思的人身上可以得到證實。神經學的相關研究（例如安德魯・紐柏格〔Andrew Newberg〕與尤金・達基里〔Eugene D’ Aquili〕）顯示，當人處於沉

通往明晰之路

沉思所帶來的內心平和

思狀態時可以測量到，大腦中專司幸福、內心平和以及聯繫自我與外界的區塊，活動較為旺盛。與此同時，沉思者投注到專司攻擊、逃逸或強迫行為區域的能量比較少。

■內在的平靜造就了明晰、正向的世界觀以及專注

另一項重要的結論對內向者也是一大福音：沉思可以增進區別重要與不重要刺激的能力。如此一來，大腦的總體活動降低，必須付出的能量因而減少，整個運作會變得更有效率。另一方面，這也更能提高對重要事物的專注程度。換言之，長處三（專注）與長處五（平靜）應一併觀察，越是平靜，越能讓人專注！

透過有目標的集中力量取得成功

更少的能量與更高度的專注，兩者並不矛盾。喬治・普洛契尼克（George Prochnik, 2010）在他與寧靜有關的書中，將這看似矛盾的說法拿來與某位頂尖運動員的情況做比較，他的靜息心率比普通運動員還低，卻能在競賽中取得更好的成績，因為他能夠有目標地集中力量，然後快速地提高能量的付出，並再度降低其消耗。

■專注與內在的平靜，兩種長處相互結合

內在的平靜與身處的環境一樣，都能夠讓人放鬆。談話的速度、停頓、共同思考等，都能在溝通的互動中帶來平靜。善用它們，便能在閒聊、激烈的討論或談判交涉中塑造宜人的氛圍，從而消除些許壓力。

長處六：擅長分析

與外界保持更多的距離

擅長分析雖非內向者所獨有，不過許多內向者在這方面的確格外在行。由於持續進行心智活動，因此比起外向者，內向者與外界保持更多的距離。他們利用自己的專注與穩定（長處三與長處八）不斷過濾、消化各種想法，不僅思考得更久，也更為細膩。

人類的左腦與右腦

在內向者中還有一部分人尤其精於分析。瑪蒂・蘭妮在二〇〇二年發表的著作中首次提出這項進一步的區分，說明內向者中不同類型之間的差異。不論是外向者或內向者，大腦皮質的左半邊或右半邊都會明顯與另一邊不同。由此衍生出「左腦」內向者與「右腦」內向者的區別。大腦的右半邊專司直觀、圖像思考，而左半邊則具備了處理文字、數字以及邏輯關係的能力。下表可以幫助你認識自

己的長處何在。

左腦	右腦
控制身體的右半部	控制身體的左半部
處理個別資訊的結果	將個別資訊聯結成一個大的全貌
對文字與語言進行解碼	對情緒、想像與身體語言的符號進行解碼
邏輯推演和以事實為基礎解決問題的區域	直觀思考與同情的區域
處理數字、數量與計算	處理圖像、模式、形式與空間透視
在學術活動方面顯得活躍	在藝術活動方面顯得活躍，例如歌劇、音樂與繪畫等方面
依序（以線性方式）處理資訊	以全貌的方式同時處理資訊

以上表經過簡化，事實上，幾乎在所有的活動中左腦與右腦都同時活躍著。這項對照旨在說明負責各種活動的重點區域。

右腦較發達的內向者在處理資訊時相對較主觀與直觀，也就是「一根腸子通到底」。他們往往具有藝術方面的天賦，面對事情時的反應比「左腦族」來得更為情緒化，此外他們還善於即席創作。他們能更輕鬆地同時面對不同的挑戰。

擅於分析的優勢

如瑪蒂・蘭妮所述，左腦較發達的內向者較接近內向者的原型，他們需要的社會接觸比較少，屬於客觀與理論取向。這也讓他們會與周遭的環境保持一定的距離，對於分析這是一項有利的條件。無論在自己的腦袋裡、或在身處的環境中，左腦內向者皆能維持井然有序，他們所做出的決定基於自己的認知多過於情緒。在同時面對許多要求時，他們比右腦族更容易感到不堪負荷，寧可有系統地一件接一件處理事情。他們正是格外擅長分析的類型。

■擅長分析特別是左腦內向者享有的紅利

擅於分析的人對於窮究事理頗為在行，舉凡探查、比較、研究等都是他們的強項。他們可以把複雜的關係拆解成個別的組成部分並進一步分類，然後在這個基礎上發展出自己在言行方面的策略。至於像談話對象的立場、解決方案、待行措施等，他們都能以同樣的方法推導出來。擅長分析的思考者是傑出的規劃者，對於文本（即便其中帶有許多數字）的處理也十分在行。

在精確的資訊、理論的建立、新知識的條理顯得重要的領域中，擅長分析具有高度價值，例如學術研究以及指揮控制等方面，還有所有以解決問題為思考重

分析能力可防止過度刺激

點的領域，包括醫學、資訊科技或是處理高風險的科技等。

此外，分析能力不但能在混沌不明的情況中理出梗概，還可以在某種程度上防止過度刺激（這一點對左腦族尤其重要，下一章將在障礙三的部分對此進一步說明）。例如當一場會議變成爭吵，此時擅長分析的思考者便會問，其中哪些資訊是重要的？什麼人主張什麼立場？這種做法首先可以在眾說紛紜之中理出頭緒，此外，它也為自己的內心找到冷靜面對情況的距離。這兩者都能發揮很大的緩解效果，對於特別敏感的內向者尤其重要。

長處七：獨立

滿足於獨處

誠如第一章所闡述的，內向者不太依賴旁人的反饋與外來的刺激，這是內向者與外向者本質上顯著的差異之一。內向者也因而較為獨立。

內向者的獨立性表現在能夠輕鬆自在地獨處，而他們的能量補給還非得靠獨處。獨立的人不太依賴他人的評價，因此相對較容易去說或做自己認為正確或重要的事。（這點描述並不符合右腦內向者，因為他們在情感上對外界的反應較強烈，參閱長處六的說明。）屬於內向者的英國女演員蒂妲・絲雲頓，她不尋常的人生便是個適例：她嫁給一位較年長的畫家暨作家，與他育有一對雙胞胎，同時和一位較為年輕的藝術家維持著婚外情。她在受訪時卻透露，她所認為的幸福其實是能夠在自己的床上獨眠六個月。

獨立意味著自主與心靈自由，並在自我負責的情況下做出判斷，不必總是要徵求他人的認可。不過它是有代價的，那就是讓溝通、集體生活與團隊能力受到影響。

無私的能力

或許該順道提一下獨立的最高形式，即大公無私的能力。對於成熟而獨立的人來說，自我行為的驅動力並非自己的虛榮、驕傲、野心或對名利的追求，而是諸如「大我」、重要且有意義的事（長處二：實在）、他人與其需求（長處十：為人著想的能力），這些才是重點。耐人尋味的是，無私的能力只建立在健全的自我意識上。

長處八：穩定

針對目標的耐性

穩定是「堅持」於某件事或某種想法的能力，即便成功需要漫長的等待、過程中充滿了險阻。這種特質有別於「僵固」（相關說明在下一章的障礙部分），僵固缺乏靈活性，致使當事人停滯不前。而穩定這種長處指的則是一種針對目標的耐性。

內向者的穩定也表現在工作方式上，他們往往比一般人更樂於「愚公移山」。他們會認真地想把事情做好，不會像易受外來刺激而轉移注意力的外向者那樣輕言放棄。

持之以恆，日起有功

這個長處可讓重要的對話與談判交涉變得易於計劃與實行。它有助於判斷何處值得堅持立場，何處有商議的空間。它能實現持之以恆（這一點是許多外向者遙不可及的夢想），並日起有功地開闢一條通往大師級的道路。認知心理學家安德斯·艾瑞克森（Anders Ericsson）在他的研究中指出，想要在某個領域取得真正的能力，必須有目標地在該領域研習超過一萬個小時（轉引坎恩，二〇一一）。

瑪麗·居禮的例子

諾貝爾獎雙料得主（一九〇三年物理學獎，一九一一年化學獎）瑪麗·居禮女士便是穩定性的傑出楷模。她很早就獻身科學，儘管遭遇重重阻礙，依舊不畏艱辛地走下去。她想進入華沙大學卻不得其門而入，便轉赴法國求學。最初為了籌措一些研究經費，她到女子學校擔任教師。她在放射性物質領域裡取得的劃時代成就，其實是由動輒上百次反覆進行的特定實驗所累積出來。穩定似乎是此等不凡成就的一個重要條件。

長處九：書寫（取代談話）

內向者最愛的媒介

許多內向者偏好以書寫的方式來溝通，不論是與自己（例如日記、一週規劃、寫作計劃）或是與他人（例如簡訊、電子郵件、信件、部落格、線上聊天室）。溝通前他們會先斟酌自己的想法，然後將其轉化為文字，而書寫顯然是將此成果由內而外表達出來的最佳媒介。此外，書寫可依照個人的節奏進行，它能放慢溝通的步調，不被對方牽著走，讓書寫者可以掌握溝通的速度。

數位網路（如推特、臉書、XING專業人脈網）、線上論壇與聊天室，在書寫方面是十分獨特的。許多內向者很重視這類交流型態，因為是以書寫的方式來進行，所以可以確保一定程度的安全距離。第六章將有更多與這類網路交流有關的資訊。

書寫溝通的優點

即便在職場上，仍有許多可行的方式適合那些喜歡書寫勝過言談的人。例如電子郵件比電話交談更能準確表達與理解溝通的內容。以書面方式在企業內部的網路發佈企劃案的資料，可讓團隊所有成員隨時隨地追蹤並更新工作進度。一份與目標協議有關的書面簡報，或許比在會議中做口頭報告來得更有效率。在進行小組會議與討論時，先將重點整理成書面摘要，可讓偏好書面文字的內向者在團體中更有安全感，對重要事項進行深入思考，並透過文字具體呈現出來。

不過先決條件是：書面溝通應配合實際情況，切不可只是為了逃避直接的互動！

長處十：為人著想的能力

直觀的能力

擁有為人著想這種能力的人，會設身處地站在溝通對象的立場來想事情，這並非出於某種權謀，而是一種直觀的能力。他們能夠看出對方是如何「運轉」，並找到對方在乎什麼，又有哪些需求。這種設身處地的能力有時也稱為「同理心」。高度敏感的右腦內向者多半比左腦內向者更具備這項能力（參閱長處六的相關說明）。

鏡像神經元促成同理心

根據神經生物學的研究顯示，在人類大腦中所謂的「鏡像神經元」（Mirror Neuron）促成同理心的產生。內向者或外向者當然都有鏡像神經元，可是為何為人著想的能力會是內向者的一項長處呢？答案就在內向者的某個典型特質上。

藉由同理心贏得信任

比起外向者，內向者較不需要旁人的確認與肯定。若與對方相比，自己是否地位高、人風趣、事業成功，對內向者來說也不是那麼重要。大部分的內向者在自己心裡都有一位「裁判」，他們總是一直在跟他辯論。這種獨立於他人的特質（與擅長分析結合）賦予內向者一個特殊的空間，能更加留意他人的特質與需求，並在溝通行為中考慮到相關的面向。這會帶來正面效應，因為溝通對象的感受與發言都得到真正的關注。

內向者善於觀察四周環境，而且能夠消化所獲得的印象，因而加強了為人著想的能力。懂得為人著想的內向者容易贏得他人的信任。如果實在（長處二）與傾聽（長處四）的優點也集於一身，這樣的人便會是非常珍貴的伴侶與益友，從他們身上能感受到關心、接納，負荷有人分擔。而在談判交涉的過程中，若能同時發揮為人著想與擅長分析（長處六）這兩種能力，必然會令對方折服。

懂得為人著想的人也能看見妥協的可能性，從而達成斡旋。因為他們並非只固守某種利益，而是見到不同面向的要求，同時也顧及道德觀點。他們深知，這個世界不是繞著自己運行。能夠為人著想的內向者鮮少會因為自己的行為引發衝突，他們會關注他人並與他人共同尋求解答。此外，他們也不太具有攻擊性，因為他們很清楚，充滿攻擊性的態度會引發多大的壓力。

然而恐懼或過度刺激（參閱下一章裡障礙一與障礙三的部分）造成的負擔會減損同理心的能力。

你的長處何在？

如本章開頭所言，內向者對於自身長處所抱持的態度多半是批判大於自豪。從上述說明中你認識到許多內向者所擁有的強項，現在你是否也能舉出自己的長處呢？如果你還不是很有把握，也不必太意外。下列的問題將幫助你前進一步。請回答以下三個問題，它們能安撫你內心的批判者，引領你逐步接近自己的長處。

請回答以下三個問題：

1. 請想出一位令你欽佩的典範或楷模。是：＿＿＿＿
   此人有哪些長處令你欽佩？＿＿＿＿
2. 請想出一位你很喜歡、也很看重的人。當我向這個人詢問你的長處何在時，他會如何回答？＿＿＿＿

3. 你具備了哪些長處？

請將第一題與第二題的答案一併列入以下清單！

長處一：謹慎 □

長處二：實在 □

長處三：專注 □

長處四：傾聽 □

長處五：平靜 □

長處六：擅長分析 □

長處七：獨立 □

長處八：穩定 □

長處九：書寫（取代談話） □

長處十：為人著想的能力 □

其他長處

我較偏向左腦族 □　我較偏向右腦族 □

我最大的三個長處是

1.

2.

3.

典範是認同的對象

你或許會納悶，為何要將第一題心目中的典範的特質納入自己的長處清單裡，原因就在於，典範是一個認同的對象。我們會無意識地根據對自己而言重要且有意義的特質去尋求認同。因此，認為地位與財富格外重要的人，便會傾向於選擇洛克菲勒（John Rockefeller）而非德蕾莎修女（她還是個內向者！）當作自己的榜樣，而對科學抱有高度熱情的人，喜歡愛因斯坦（屬於內向者！）會多過女神卡卡（Lady Gaga，我認為她應該不是內向者，可是誰曉得呢）。因此非常有可能，你在某種程度上也擁有心目中的典範所具備的特質。

維護長處

請你仔細看看自己的長處，並對自己的發現感到自豪！下一步你該做的便是有意識地發揮自己的長處，最終它們將成為你的重要資產、個人的藏寶箱。正向心理學（Positive Psychology）建議我們，在人格發展的過程中尤應確立自己的長處並予以妥善運用。諸如「能力發現剖析測驗」（Strengths Finder）或「賴斯個人評估」等人格測驗，目的都是分析一個人的長處所在。將心力投注在自己的長處上會比吃力地鍛鍊自己的弱點，創造出更多成就，因為你形塑出了自己的基礎與才能。你不僅更容易取得成功，也會比只顧著改善缺點，屈從於他人的優點來得有自信，而那樣只會讓你事倍功半。

請回答以下三個問題：

稍微回想一下你的求學階段。你成績最差的科目是哪一科？

最差的科目是：＿＿＿＿＿＿

在投入很多時間與精力準備的情況下，你能獲得多少改善？

非常努力得到改善的程度：＿＿＿＿＿＿

練習時有何樂趣：＿＿＿＿＿＿

相反地，在投入同樣多的時間與精力準備的情況下，你能在自己最擅長的科目取得多好的成績？

最好的科目是：＿＿＿＿＿＿

非常努力得到改善的程度：＿＿＿＿＿＿

練習時有何樂趣：＿＿＿＿＿＿

將長處運用在溝通中

學校的求學經驗確實可以套用到我們的生活上。做那些我們不在行、無法讓自己樂在其中的事，到頭來往往是成效不彰。因此，你還不如去優化剛才確認的那些長處！首先要做的便是，仔細觀察一下你平時是如何將自己的長處具體運用在溝通上。觀察時請你同時留意不像自己三大優點那麼明顯的其他長處，畢竟，這裡討論的是與他人相處的發展潛能。下方表格的第一行是參考範例，你可以接著填寫出屬於自己的「藏寶箱」。

我的長處	在與他人相處中運用此一長處我格外能夠做好什麼事	在什麼情況下我格外能夠發揮此一長處
實在	將對話帶進更深的層次	當我很熟悉對方 當氣氛平靜而輕鬆

現在你對自己有了更清楚的認識。請你好好關心自己珍貴的長處。在與他人溝通之前與溝通過程中，請仔細想一想，你能為順利達成溝通做些什麼？盡可能將情況形塑成最適合你發揮自身長處的狀態，你會驚訝地發現（我可以向你保證），當你有意識地去發揮內向的長處，你將徹底改變他人與你相處的模式，並能成功落實自己的目標與願望。

本章重點整理

- 內向者擁有許多典型的長處。它們可以在與自己或與他人相處中、在應對各種不同的要求時發揮助益。
- 這些長處分別是：謹慎、實在、專注、傾聽、平靜、擅長分析（在左腦內向者身上）、獨立、穩定、書寫（取代談話）、為人著想的能力。
- 完善並應用個人長處可以改善溝通品質，並開創充實的人生。

第三章 內向者的需求——內向者的障礙

獎章的背面

以下的內容可算是上一章的反面。在上一章裡，你見識到內向者在溝通方面的長處「藏寶箱」。正如光與影的相伴而生，沒有哪件珍寶是不需要付出代價的，而每種長處皆有其「脆弱」的反面。倘若某個內向者的大腦具有一些特殊的長處，其他區域便會較不明顯。或者，某種長處可能隱含了自身特有的陷阱，它們不但會妨礙，甚至有可能破壞溝通。畢竟，沒有人是完美的！

因此，當涉及到專注、實在與分析式思考時，內向者的特質便顯露出許多優點，上一章已經做了介紹。然而，當涉及到諸如多人密集互動所產生的動力、彰顯自己工作成績以及主動克服衝突的能力時，這些有利於外向的領域對內向者而言就頗為不利。

認清自己的死穴

不過只是知道有弱點與障礙，仍未免太過短淺。內向者還應該看清自己的

內向者的障礙概述

「死穴」或「痛點」，因為它們能指出內向者的特殊需求。例如針對過度刺激要有一套聰明的方法來管理自己的能量來源，而畏懼衝突其實可以促使個人藉由分析來面對緊張局勢。換言之，障礙透過需求的形式，也是形塑個人溝通風格的絕佳指引。

如同上一章，先提供讀者一個附帶短評的概述，只不過這裡是關於那些會讓內向者有懈可擊的弱點與需求。

內向者的障礙概述

障礙一：恐懼
與他人相處時的拘束與不安

障礙二：瑣碎
迷失於單一資訊以致「見樹不見林」

障礙三：過度刺激
不堪負荷過於大量、吵雜或快速的外來刺激

障礙四：消極

自身欠缺衝勁，呆板，頑固

障礙五：逃避

避免各種狀況與任務

障礙六：過於尚智

輕忽情感

障礙七：自我否定

壓抑或貶低內向者的特徵與需求

障礙八：僵固

在溝通中缺乏靈活性

障礙九：避免接觸

避開人群

障礙十：畏懼衝突

在壓力下易放棄或「封閉」

障礙一：恐懼

恐懼是一種強大的動能，它分布於大腦深層的部分、邊緣系統（Limbic System）與杏仁體（Amygdala），在這些區域格外具有影響力。它可以在此處輕易地進入潛意識。由於它很可能妨礙你最久且最嚴重，因此將以較多篇幅詳加說明。

適當與不適當的恐懼

恐懼未必全然是不好的。適當的恐懼可以保護你免於莽撞行事，例如明明不會游泳卻躍進湖裡。它可以保護我們免受危險所侵害，例如當人身安全僅繫於腳踝上的一條橡皮筋時，恐懼能使我們不會往深處跳。簡言之，恐懼在「適當」之處能發揮維護生命的功能。由此不難想像，它在溝通中所傳遞出的訊息會是：別那麼做！別輕舉妄動！別出頭！別出聲！別冒險！在一些商務會議中也很容易觀察到，許多人遵循它的指示。

■適當的恐懼能提供保護，不適當的恐懼會造成阻礙

當恐懼造成阻礙

我們的反應有可能「不適當」，於是恐懼會造成干擾、妨礙，甚至是限制。在這種情況下，恐懼會阻止你去做對你而言其實是重要或深具意義的事，例如發表演說、在會議中提出建言、與人據理力爭。也許你會說，難道內向與外向的恐

為何內向者受恐懼的影響較深

懼還有大小多寡的差別嗎？恐懼是普遍的人性啊！答案：是也不是。沒錯，恐懼的確屬於人類的基本情緒，人人皆有。然而，在溝通的過程中，恐懼似乎會在內向的人身上造成較強烈的影響。換句話說，內向者較容易受到恐懼的影響，而無法像外向者那樣自在地與他人相處。我認為這有三個原因。

首先，與外向者相比，內向者較不需要與外界的接觸以及外來的刺激（參閱第一章相關說明）。因此，渴望溝通的需求不足以與恐懼抗衡，更遑論去駕馭它。外向者的情況完全不同，與他人溝通對他們來說非常具有吸引力，因而能夠消弭恐懼感。

■內向者會強烈感受到恐懼

其次，內向者比外向者更強烈地感受到恐懼。原因或許在於他們特殊的基本條件。整體說來，內向者較常去深究自己的情感，因為他們的心智活動水位比外向者來得高。相對地，恐懼的影響較為強烈，導致當事者不只是先觀望，甚至放棄採取任何行動。

第三，依據生理基本條件，內向者以安全為取向（參閱第一章），他們的大腦會更明快地對可能的危險做出反應，產生恐懼。如果恐懼強大到控制了行為，便可能在與人相處方面造成妨礙，這也是內向者的另一項特質：膽怯。

面對恐懼

身為內向者的你，如何才能避免讓恐懼阻止你去做你認為重要的事？這是個好問題。在後面的篇章裡你將得到各種具體的解答，且是針對某種特定的情況。基本上，有個基本原則一體適用：你可以運用你的意識，妥善地駕馭恐懼。這裡所建議的策略都有一個共同點：請別臣服於自己的恐懼，而是讓它對你卑躬屈膝！

有意識地去駕馭恐懼

與恐懼周旋：一般策略

第一階段：有意識地去感知恐懼

幼童往往會害怕床底下的怪獸。第一階段便是「反怪獸治療」（Anti-Monster-Therapie）：照亮恐懼的中心（用手電筒照一照床底下）讓怪獸消失，同時排除大部分的恐懼。

第二階段：讓自己看清楚，為什麼你想做的事情是重要的，而且重要到即使心中恐懼也願意冒險

透過第二步你可以從恐懼手中奪回權力，並有意識地賦予自己決策權。大腦專司恐懼的區域特別害怕失敗，就在這裡你決定去做某件事，即使要承擔失敗的風險也值得。

擴張舒適圈的最佳方法便是：感知自己的恐懼，並且去冒那些經過深思熟慮、值得一試的風險，因為這樣會幫助你達成目標。

大聲說出恐懼

最大的障礙在於改變自己的習慣。尤其是對容易恐懼的大腦來說，所有違反習慣的事都是一種干擾。當你捨棄能讓你自動反應的舊路不走，你就得吃力地尋找不確定的出路，因為這時欠缺了習慣所累積的經驗。因此，真正重要的是，你必須有意識地去做。賽斯・高汀（Seth Godin）在《夠關鍵，公司就不能沒有你》（*Linchpin*）一書中建議了一個露骨的方法。他認為，大聲說出自己恐懼的事便能藉此驅除恐懼。你不妨試一試，例如大聲說出：「我害怕做這場演講，因為觀眾裡有我的敵人！」

就神經生物學的觀點看來，接下來的第二步，讓大腦皮質（即有意識進行思考的區域）取得權力，去安撫腦部的恐懼中心（杏仁體），便是十分理想的策略。因為當你認清，為何你具體害怕的事情是重要的，便能幫助自己的腦部鋪設出新的路徑。一旦新路徑確立下來，臨近專司該行為區域的恐懼中心便不再如往常那般活躍了。以上述的演講為例，此時你就不會對演講感到慌亂，而只是有些許不自在。

障礙二：瑣碎

許多內向者都有「見樹不見林」的傾向。這與他們擅長分析有關，其中又以左腦特別發達的內向者為代表（參閱第二章的長處六）。分析意味著將整體拆解成零件，以便進行徹底的觀察。瑣碎是一種負面的特質，它讓觀察者迷失在細節中而不思建構全貌，因此忽略了真正重要的事情。

在某些情況中，此種障礙或許是有益的，例如某位審計員要在收支平衡表中找尋錯誤。然而，在與溝通有關的情況（諸如談話、辯論或談判交涉），瑣碎的傾向經常會讓內向者迷失於枝微末節，以致未能注意到整體內容或對方的需求。

瑣碎若與完美主義相結合，便會淪為微觀管理或控制狂，特別是對有領導責任的人而言，這些都是不利的傾向。在與他人的閒聊中，瑣碎也可能導致溝通不良。第六章將闡述避免這類狀況的應對之道。

障礙三：過度刺激

過量以致精疲力竭

過度刺激是指有太多來自外界的影響，導致內向者大量消耗能量，例如一下子丟給你過多資訊，或是四周環境太吵雜，都容易造成這種結果。不少內向者對聲音相當敏感，處在大量噪音下會讓他們無法專注（長處三）與平靜（長處五）。

太快以致精疲力竭

速度太快也可能造成過度刺激，例如在交談時，對方催促著快做決定，或是加快談話的節奏，甚至以肢體語言傳遞不耐煩的訊息（例如用手指或腳掌反覆敲擊，或是不耐煩地猛看手錶）。不論是何種類型，只要是過度刺激便會令內向者感到吃力，而在與他人互動方面蒙上一層陰影。正因為如此，許多內向者非常謹慎篩選並斟酌參與社交場合。

過度刺激帶來的風險是，內向者會藉由消極（障礙四）、逃避（障礙五）或避免接觸（障礙九）來尋找出路，這將非常不利於溝通。諸如談判中針對性的施壓、在社交場合中接收太多印象、吵鬧且具攻擊性的討論，或是演講時觀眾大聲鼓譟等，這都有可能讓事前的良好準備付諸東流，使受到過度刺激者的表現大打折扣。

用來充電的暫停時間

找到能量來源，確保暫停時間

內向者充電的方式有別於外向者，他們需要平靜、抽離與沉思，以便重新補充能量。相對地，他們在與他人進行溝通時也會流失較多的能量，尤其在閒聊、衝突時情緒緊繃的狀況，或是與較大的群體進行交流時。就連宛如跑馬燈的日常生活也會讓內向者精疲力竭，包括做事經常被打斷、接不完的電話、川流的顧客，或是會突發奇想與情緒失控的小孩。

這時對內向者而言，暫停便是重要且不可或缺的需求。一旦淪為緊湊行程下的祭品，就得付出很高的代價，首先遭殃的是所處的狀況本身。因為當內向者的能量耗損過大，又沒有機會抽離，他們便會選擇「關閉」，不太參與討論或對話，在社交場合中也少與人接觸。因為無法暫停並得到休息，內向者會變得極度疲憊。

在並非都能體諒抽離需求的旁人看來，這種態度無異於疏遠、無聊、沉悶。在職場上，有疏離需求的人會被認為難以接近、欠缺執行力，甚至是頭腦不清。對於事業的發展這意味著什麼，已毋須贅言。

如果內向者總是悖離自己的抽離需求，不僅會感到疲憊不堪，嚴重的甚至會罹患倦怠症（Burnout Syndrome），因為長期掏空自己的能量必將損害身心健康，所以千萬不要走到這步田地！若能多加留意自己的暫停需求，便可避免發生上述問題。在此先提供最基本的因應策略。在後續相關主題的章節中，將再做進一步的闡述。

能量管理：一般策略

1. 請分析：哪些悖況與人特別會消耗你的能量？盡可能減少這類的行程與會面。在你面臨某個會讓你倍感吃力的情況，或與會讓你倍感吃力的人會面之前，預先安排好緊接在後的休息時間。
2. 安排規律周期的抽離時間，最好一天至少三十分鐘、一個月至少半天、一年至少有一週或一個週末。至於在這些期間你離日常生活有多遠並不重要，重要的只是你能從中抽離。請在抽離時間裡從事你最喜歡的活動，諸如做白日夢、閱讀、攝影、散步、構思理論、賞鳥、午睡、打坐、玩數獨……。只要適合你就好！

3. 結合動與靜。請在動的類型中找出哪些項目能為你帶來能量、哪些則會耗損能量。許多內向者喜歡做能同時發揮休息效果的運動，例如散步、慢跑、騎自行車、游泳、瑜珈或彼拉提斯等。關於內向者運動類型更詳盡的說明請參閱第四章。

障礙四：消極

平靜是好的，消極則否，這兩種概念之間存在著關鍵性的差異。平靜（依據長處五的定義）是種內心的基本態度，它可以幫助實現專注以及有目標的活動。相反地，消極包含了拒絕。消極的人不僅拒絕表現出主動性，更拒絕發揮動能。他們會（無力、執拗或頑固地）賴在自己的處境裡（例如無聊、糟糕的關係），寧可承受大量的痛苦，也不肯嘗試做些改變。

■不論言談的內容有多明智或重要，輕柔且缺乏重音的語調會削弱效果

無力感也會表現在聲音上。許多內向者說話時輕聲細語，不僅音量小，也很少加強語氣。緩慢而柔和的聲音搭配全神貫注的語調，會給人一種既強大又崇高的感覺。相反地，過快或過慢、既輕柔又缺乏重音的聲音，會讓溝通的成效大打折扣。因為它們會傳遞出「我很弱！」的信息，如此一來，他人在聆聽這樣的人說話時多半（尤其是外向者）會採取藐視的態度，也許不專心傾聽，或表現出不耐煩的樣子。

遭受攻擊時寧可保持沉默，同樣也是消極的態度。這樣的人寄望「無為」能使情況自然好轉，可惜的是，它們鮮少發生。相反地，允許他人逾越自己個人尊嚴的底限，只會讓他人變本加厲。

然而，消極也有其成因。對內向者而言，消極完全有它的優點，它就好比內向者的「省電燈泡」，採取這種態度不但舒適，還能幫助他們避免過度刺激（障礙三），從內向者的角度來看其實是很有意義的。然而，這種「節能模式」（就字面上的意思來說）使得人生只能維持小火慢燉的格局。當別人採取行動，消極

者不是被擺佈，就是遭忽略（例如決策或升遷）。當別人往前衝，消極者不是被牽著鼻子走，就是被留在原地。這對事業、人際關係都十分不利，更別提怎麼可能營造出個人的成就感。將人生的控制權交給他人，等於放棄了開創成功人生的夢想，這是多麼沉重的代價！要如何對治消極，第六章（關於如何與他人建立聯繫）將有進一步的說明。

內向者需要考慮的時間

在此必須解釋一項誤會。由於內向者喜歡先思考再發言（長處二：實在），即使有時並不消極，也容易被誤認為消極。原因就出在，內向者需要較多時間消化自己獲得的印象與資訊。典型的外向談話者不喜歡久等對方的回應，寧可自己滔滔不絕地說下去，因為他們不再對對方的回應抱持任何期待。他們會有意或無心地認為，內向的對話者一定是個消極的人。然而，在深思熟慮的情況中，真相並非如此。思考、斟酌、措詞等活動，全都是在內在世界進行著，外人無法洞悉。因此，當你在講電話或與人面對面交談需要時間思考時，建議不妨參考以下的範例，透過簡短的語句向對方明確表示。

爭取思考時間的例句

「請讓我稍微考慮一下。」

「是的，我很清楚這件事情很緊急。我會盡快回覆。」

「你說的這件事有點複雜。請問你是怎麼看的？」

「等等，請給我一分鐘的時間。」

「我可以晚點打電話回覆你嗎？」

「我先考慮清楚這件事再回覆你，明天上午方便嗎？」

請務必遵守自己的承諾。雖然這些例句可以幫你爭取到思考的時間，但你的思考結果就如同一項「赴償債務」，既然你自己這麼表示，就應該徹底履行。別忘了，順便也可以展現一下你的實在與分析的能力！

障礙五：逃避

不同於消極，逃避是種積極的行動，只不過它的方向不對罷了。逃避指的是藉由抽身來躲避。不堪負荷是一種理由，這同樣也可能發生在消極（障礙四）與過度刺激（障礙三）的情況，但還有其他的原因。在逃避時，當事人會借助較無負擔的活動或環境來達到轉移或躲避的目的。它們不僅會排擠真正的負擔，有時還可能排擠掉該做的事。後者便是我們所熟悉的耽擱，也就是做事拖拖拉拉的傾向。例如因為害怕在大庭廣眾下演講，便以準備不足為由一再地推遲。或是因為老是顧著處理手邊的許多事情，而一直不去找老闆約時間談加薪。

雖然有時逃避不失為維護剩餘能量的良方，可是這麼做還是會妨礙當事人的積極作為與目標達成，因為恐懼或安逸正是在背後起決定性作用的力量，它們會阻礙目標明確的溝通。逃避同樣也要付出高昂的代價。承上例，拖到上台演講之前才臨時抱佛腳，這會造成極大的壓力，尤其是對那些珍惜思考時間的內向者。此外，一拖再拖的結果，加薪的反倒是別人……。

障礙六：過於尚智

「胸有定見」大抵是好的。許多內向者都是優秀的思考者，他們能憑藉著自己實在、平靜、擅長分析的長處獲得傑出的成就。

然而，造成障礙的過於尚智則是思考的陰暗面，它會讓我們的腦袋去忽視或阻礙情感，因而衍生出嚴重的問題。過度重視理性並藐視感性，會令內向者降低自己的感官能力。在與他人相處方面，過於尚智也會造成同樣嚴重的傷害，在互動中只考慮事實層面，將會輕忽對方的感情世界，也無法體諒他人的情緒狀態。

勿低估關係層面

這對溝通會造成嚴重的不良後果。即便在職場，感性的部分在與他人的互動中仍扮演著重要的角色。基本上，無論是談判交涉、開會、小組報告、或是午休時的閒聊，事實的交流往往只占我們感知到的外來刺激的一小部分。有些溝通心理學家認為，這部分最多不會超過總體的百分之二十，剩下的部分則是由與情感以及參與者彼此關係有關的訊息所構成。

過於尚智算是你的一種障礙嗎？在第七章裡（關於如何聰明地談判交涉），你將了解怎樣能讓這項特質不對你造成妨害。

障礙七：自我否定

當需求遭到壓抑

自我否定是一種相當特別的障礙，因為它牽涉到內向者在身處的環境中對自己的認知。自我否定是指，內向者會去壓抑或貶抑自身的需求與特質。當內向者生活在一個明顯屬於外向的環境裡，特別容易發生這種情況。自我否定首先可能是文化因素所致。例如在美國，當地的社會行為大抵是屬於外向的。處於一個嘈雜、外向的文化裡，內向者會直接或間接感受到自己似乎與什麼事物都「不對頭」。這也許就是為何大部分與內向人格有關的書都是在美國出版。

視自己的內向為異常的內向者，會面臨與社會或與自己疏離的危險

其次，自我否定也可能由於內向者在所屬的家庭或職場中為少數，而多數成員皆為外向者。如羅莉・海爾格（2008）所述，在這類狀況下的內向者面臨著兩種危險：他們要不就是與社會疏離，亦即與他人疏離，這會嚴重導致內向者的另一項障礙「避免接觸」（障礙九）。不然就是與自己疏離，在這裡，自我否定這項概念指的正是這種情形。

在自我否定方面同樣存在著不同的表現型態。就善於社交的靈活內向者來說（參閱第一章），倘若他們具有自我否定的傾向，便會以外向者的行為模式當作溝通的標準。可是接下來他們會發現，根本就無法將外向者的行為模式徹底移植到自己身上，因為即便外表上他們可以反應得像外向者一樣，卻無法因此獲得同樣的正向經驗。自我否定阻礙了他們去認識並重視自身的內向需求。畢竟，無論

再怎麼靈活的內向者也還是內向者。沒錯，他們的確如外向者那樣喜歡與他人來往，可是在劑量上終究不太一樣。

當穩定趨於僵化

障礙八：僵固

穩定的特質若不知變通，便會形成僵固，它會導致溝通行為變得死板。許多受此障礙束縛的內向者，在必須放棄自己所熟悉的程序時，會感到十分難受。例如必須在自己不習慣的時段上班，或是到不熟悉的環境出差。

僵固同樣會出現在溝通裡，例如在進行討論時，內向者會堅持自己的立場，也容易鉅細靡遺地去觀察一棵樹，而將整片森林置於不顧。

靈活性對談判交涉是必要的

在能否配合溝通對象顯得舉足輕重的情況裡，例如談判交涉，僵固會使你無法考量到決策標準、解決方案以及對方的需求等問題。在第七章將討論到，遇到這種情況時你可以怎麼處理。

■ 僵固是種節能的策略

僵固與本章所介紹的其他障礙有一個顯著的共同點，它們都是一種「節能」

策略。在特定情況下總是做出相同反應的人，內心存在著某種「自動駕駛」的機制，它讓判斷變得可有可無，因為行為模式與常規取代了有意識地做出判斷。

日常生活常規的優點

常規本身不一定是負面的。在溝通方面也能帶來好處，幫助我們在特定情況下有安全感、信心十足地做出合宜的反應。舉例來說，在工作場合中你要介紹兩個人互相認識，如果你知道以下這些事，這項任務做起來便會得心應手：

1. 應該先將誰介紹給誰（先將層級低的介紹給層級高的）。
2. 除了頭銜與姓名以外，你還能為他們提供哪些有意思的個人資訊，幫助雙方輕鬆地展開對話，例如共同的愛好（如舞台劇或拳擊等）、類似的工作性質（如教育工作或學術行政），或是其中一人最近發生的好事（如剛獲獎或得到新職位）。

根據實際情況靈活反應

正如上述關於介紹的例子，常規可以減少生活中的複雜性，它包含與人互動的經驗，建立穩固的基礎，讓我們行有餘力去做些別的事情。然而，當這樣的「自動駕駛」機制剝奪了靈活地與人相處的操控權，但偏偏遇上了極需靈活的狀況時，事情便完全不同了。在面對某種刺激時（例如交涉對象表示反對）總是表現出特定的反應（例如沉默或堅持細節），如此欠缺彈性會妨礙溝通的成功。此外，這種行為模式也容易為他人所看穿，萬一對方居心不良，便可刻意按下某個「開關」，藉此來操弄某種反應。另一方面，當內向者剛愎自用，想藉由主動審視所有重要事態，以解決某個問題，此時僵固將令他們付出更慘重的代價。

障礙九：避免接觸

避免接觸的原因

內向者通常寧可僅有少數好友，也不想要有一大堆表面的接觸。這是正常的。然而，要是他們在內向、外向刻度上越明顯往內向極端移動，便越傾向避開他人，因為這令他們感到吃力或覺得有負擔。這是一個很棘手的問題。有避免接觸傾向的人會切斷與外界的聯繫並與他人形同陌路。他們完全滿足於獨自從事自己所熟悉的活動（額外的危害：僵固；參閱障礙八！）。造成這種狀況的原因很多，有可能是因為所面對的人或是接觸的目的令人感到壓力，也有可能單純只是受夠了與人來往這種麻煩事。

避免孤立

因此，內向者很有可能落入「社會孤立」這種極端狀態中，帶著自己的想法與情感退居自身，結果將造成在職場與個人生活中不但缺乏動力，也缺乏來自他人的指正。一旦遇上必須團體合作或與他人協調的情況，他們就會陷入溝通困境，無論是在家計劃要去哪裡旅行，或是在公司要完成一項專案。有避免接觸傾向的人很容易被他人視為「怪胎」。

「內向丈夫」是避免接觸的其中一種典型。在結束一天漫長的工作後，他們寧可躲到地下室修理家具或組裝火車模型，也不願跟妻子閒聊一會兒。類似的例子還有「內向女上司」，在公司舉行聖誕派對時，她們會拿智慧型手機裝忙，悄悄躲到某個小房間去避難，藉此逃避眾人的喧鬧嘻笑以及同事們出人意料的攀談。

與逃避（障礙五）的差異在於兩者躲避的標的不同。有逃避傾向的人所躲避的是任務或狀況，他們若不是採取拖延戰術，便是改去做別的事。有避免接觸傾向的人所要閃躲的則是那些會令他們吃不消的人。若與下一種障礙（畏懼衝突）相結合，必然會給人際關係帶來不良後果。

與社會疏離的內向者（參閱障礙七）很可能會進一步變成有避免接觸傾向的人，因為他會覺得自己被誤會，感覺受到周遭的人排斥。在極端情況下，有避免接觸傾向的內向者甚至會帶著對旁人的強烈恨意，變成憤世嫉俗的獨行者。

障礙十：畏懼衝突

內向者是和平主義者嗎？

在內向者的相關文獻裡總是一再出現一件耐人尋味的事，內向者似乎早自青少年時期起便比外向者較少與人發生衝突。他們天生愛好和平嗎？還是他們更有能力維持和諧？我認為，其實有其他的原因。

為何內向者傾向避開衝突

在人際關係中衝突是一個免不了的環節，因為我們的個性、期望、目標與特質各不相同。衝突可說是無處不在，但對大多數人來說面對衝突是件棘手的事。一場充滿衝突的對話不僅會帶來沉重壓力，後果也難以預料。因此，絕大多數的人只在認為值得投入精力的情況下，才會在與人互動中選擇衝突。這一點內向者與外向者所擁有的衡量標準似乎不太一樣。內向者會較快生起「衝突是很辛苦的」念頭。此外，由於他們高度的安全取向也容易擔憂溝通會因而失控。這顯示出，恐懼（障礙一）這項因素在畏懼衝突中扮演了重要的角色。相反地，對於喜歡向外發展的外向者而言，處在相同狀況下所耗損的能量較低，並傾向奉行「寧為玉碎，不為瓦全」的原則。

這兩種類型帶來的後果也有所差異。外向者致力於解決衝突而在持續的爭論

中找回自己。內向者則因逃避的態度使得衝突演變成沉重的負擔，甚至在夜裡為此感到困擾而輾轉反側。

在第七章你將讀到解決這項障礙的具體事例，它們會告訴你如何有建設性地處理基於不同期待而產生的衝突。

你的障礙何在？

在上一章中，你對自己的長處仔細進行了一番探查，現在該用放大鏡來檢視一下你的障礙。請你先透過以下的障礙一覽表確認，你有哪些障礙。

請回答以下的問題：

你在本章中認識到的內向者障礙，有哪些發生在你自己身上？

障礙一：恐懼 □

障礙二：瑣碎 □

障礙三：過度刺激 □

障礙四：消極 □

障礙五：逃避 □
障礙六：過於尚智 □
障礙七：自我否定 □
障礙八：僵固 □
障礙九：避免接觸 □
障礙十：畏懼衝突 □

我最大的三項障礙是：

1.
2.
3.

接下來要更進一步從你所面臨的障礙中整理出你自己的需求。請先確認，你會在哪裡特別感受到障礙，在那些地方又會發生什麼後果。接著請你從第三行開始寫下，在障礙的背後存在著什麼樣的需求，而你又是如何處理那些需求的。請在平靜的狀態下仔細思考上述問題。在此同樣提供填寫範例，以便你有概念進行填寫。

我的障礙	在什麼情況下特別會造成這樣的後果	我從中認識了相關需求，對此我可以怎麼處理
過度刺激	在一些社交場合中：人太多、聲音太吵。後果：壓力太大，會讓我避開這種場合。	我喜歡單獨與某個人平靜地對談。往後我可以約一個想跟他説話的人一同參加。此外，我可以刻意找一個「安靜的角落」。

透過這樣的作業，你意識到了屬於你的一個重要部分，也更清楚自己在各種溝通情況的實際需求。正如你可以運用自己的長處「藏寶箱」，你也可以把自己所面臨的障礙當成需求指南，讓它為你指點迷津，若想要自在地與人互動，你會需要些什麼。許多內向者深知，他們的長處與障礙有著密不可分的關聯。因此，獨立的長處有可能反轉成逃避或避免接觸等障礙。此外，諸如謹慎與恐懼、平靜與消極、專注與瑣碎等，也經常是相伴而生。請你回顧一下你在上一章做的筆記，可以看出你的這兩類特質之間有什麼關聯性嗎？

再請回答以下的問題：

在你看來，你的哪些長處與障礙具有關聯性？

1. ＿＿＿＿與＿＿＿＿
2. ＿＿＿＿與＿＿＿＿
3. ＿＿＿＿與＿＿＿＿

本書接下來的內容會更為具體，它將告訴你，如何在與他人的互動中發揮長處，同時也顧及自身需求。首先將針對個人生活與職場進行一番了解。

本章重點整理

- 一如典型的長處，內向者也有典型的障礙。認清這些障礙是相當重要的，如此一來，在特定的情況下它們才不致成為你的弱點，更不會妨礙你的人生發展。
- 內向者所面臨的障礙同時也是關於自身需求的最佳指示。
- 這些障礙是：恐懼、瑣碎、過度刺激、消極、逃避、過於尚智、自我否定、僵固、避免接觸、畏懼衝突。

第二部分

你如何創造幸福生活與事業上的成功？

第四章

家就是我的城堡：打造個人領域

克莉絲蒂娜在一家跨國企業擔任主計員。現年三十四歲的她承擔相當大的責任，她提的報告很受肯定，因而深獲信賴並被視為所屬部門的支柱。

克莉絲蒂娜完全獻身於她的工作。但這也有不好的一面：當她晚上回到家，只有一隻貓咪在家裡等著她。偶爾也會約她的兩位好姊妹一起去騎騎自行車、喝喝咖啡。

能有個伴應該會很不錯。可惜身為內向者的她羞於主動尋覓伴侶。她很少會去參加什麼社交活動，在辛苦工作一整天之後能有段時間讓自己平靜，她會覺得很高興。她偶爾會瀏覽一下交友網站，不過始終抱持懷疑的態度，畢竟，網路惡狼實在太多了！此外，她也很難接受，把自己當貨物一樣拿到市場上叫賣。然而，最近她卻越來越覺得，能夠跟某個可以分享愛好也珍視自己的人共度一生，會是件相當美好的事。

內部的社交圈

內向者在家庭與交友方面

本書只談個人生活領域中與溝通有關的部分，不過這個主題涉及的範圍很廣。關於一個人、兩個人以及一家人該如何生活，各有許多相關書籍。在本章裡你將認識到，如何在家庭與交友方面以內向者的觀點與人互動。首先討論與伴侶有關的問題，有伴侶的人不妨仔細參考。至於單身貴族也有屬於自己的一節。緊接著是內容豐富的另一節，將針對內向與外向兒童的不同需求、如何親切並妥適地與他們相處進行詳細說明。你不妨挑選最符合自己目前切身需求的段落仔細閱讀！

有伴侶與無伴侶的生活

與伴侶共同生活的人跟獨自生活的人（無論是自願或非自願），兩者面臨的課題截然不同。兩種生活方式各有其優缺點。與伴侶共同生活一方面較容易，另一方面又較複雜。與能彼此珍惜、心靈相通、相互鼓勵的人一起生活，的確是樁美事。然而，如果伴侶的需求彼此迥異，且剝奪了抽離的可能，這樣的共同生活便會相當吃力。接下來將詳細討論這兩種生活方式，在此之前先稍微觀察一下介於兩者之間的階段，即尋找伴侶，也是前述事例中讓克莉絲蒂娜感到羞怯的議題。

尋找伴侶

投資心力！

對於許多像克莉絲蒂娜這種內向的單身者而言，尋找伴侶是一項艱鉅的挑戰。畢竟這意味著，要主動接觸並更進一步地去認識陌生人。與人相處會耗費心力，而克服自己更是如此。然而，如果你願意選擇與伴侶共同生活，那麼為了追求自己嚮往的人生，採取主動對你來說是值得的。要是你目前正處於這樣的狀態，請仔細閱讀以下這一節，並且做一件你原本就在行的事：靜下來思考一下有哪些可能的選擇，接著擬出一個為自己量身訂作的計劃！

內向還是外向伴侶？

倘若你目前正嘗試尋找伴侶，不妨先回想一下在前面幾章所學到的內容，並問自己一個重要的問題：如果你是個內向者，你會比較喜歡怎樣的伴侶，是內向的還是外向的？

你或許會提出反駁：構成一個人的，不單只是他在內向與外向連續譜系上的位置，還有各種不同的特質。沒錯，原則上這都能兼顧，只不過方式各有不同。

異性相吸

對內向者而言，外向者往往是極具吸引力的伴侶。榮格很早之前便已指出「異性相吸」的道理，同樣也可以套用在內向者與外向者身上。如同柏拉圖（Plato）曾經闡述的，榮格也認為，我們會去找尋與自己完全相異的伴侶，藉由互補讓彼此成為一個完整的整體。例如極度陽剛與極度陰柔、衝動與沉穩、美麗與智慧、合群與孤僻等。若在自己周遭仔細觀察，你會發現許多天差地別的兩個人相互結合的情形。

外向者與內向者互補

外向者會吸引內向者，這其實很容易理解。外向者能輕易完成許多內向者不能輕易辦到的事，例如在家族聚會中發表談話、主動籌劃某些社交活動、不畏衝突地向店家要求退貨或索賠等。從前一些「邁爾斯‧布里格斯性格分類指標」的診斷醫師曾建議，一對伴侶盡可能在較多的人格面向上有所差異，在內向與外向這方面也是一樣。

具有同樣特質的人也喜歡互相交往

這樣的看法目前已有所改變。較新的相關研究顯示，產生吸引力的其實是相似的特質。這一點可以在許多關係良好的伴侶身上獲得證明，他們在聰明才智、社會背景、學經歷等方面都旗鼓相當。此外，共同的休閒活動或與人互動的模式，也都可以吸引或拉近彼此。「同類型的人」能相互引發信任感。

有了這樣的背景說明便不難理解，一位文靜、專注的內向者同樣能吸引到其他內向者。所以倘若你目前正在尋找伴侶，現在可以開始思考，自己是如何看待外向者與內向者？哪些特質會讓你感到愉悅，而哪些特質又會讓你感到壓力而非吸引力？你對於自己想接觸的人有何期待？

不過我們得留心一件事實：如果愛情找上你，那應該是你的右腦在起作用，它負責傳達你的情感與直覺。因此，請你計劃、分析並且仔細思考自己的願望，這是整個過程的一部分。雖然到頭來你有可能選擇一位出乎自己意料的伴侶，但這樣也很好，不是嗎？

在尋找伴侶時善用自己的長處

尋找伴侶：運用你的長處！

還記得在第二章中關於內向者典型長處的概述嗎？接下來它們會再次出現，更重要的是，你將學會如何把它們應用在尋找伴侶這項困難的課題上。

長處	在尋找伴侶上的應用
1. 謹慎	如果能有位你認識且信任的人為你介紹對象，你會感到比較安心。因為這表示，至少有一位值得信賴的第三人對被引介的對象有所了解。 在網路交友的情況裡，建議應採取一些防護措施。茲列舉最重要的幾項如下： －只使用裝有防火牆與防毒軟體的電腦 －只使用僅要求暱稱（不是你的本名！）及有效電子郵件位址的平台，不使用網域電子郵件位址 －先不要洩露個資（姓名、住址、電話號碼、電子郵件信箱、工作地點等） －先不要透過市話通訊，宜先透過手機 －如果對方提出金錢方面的請求、迅速承諾婚約、談論性方面的異聞，請保持警戒。如有此等情事發生，走為上策，應快閃！ －只選在有其他人的公共場所會面，例如白天在某家咖啡店。至少告知一位第三人關於約會的時間及地點等訊息。這一點同樣適用於透過報紙廣告或婚姻仲介的接觸。 在交談中請循序漸進地透露關於自己的資訊。你可以好整以暇地去做這件事。
2. 實在	請想一想，哪些活動能讓你感到快樂且有意義？你可以參考這個問題的答案，進而規劃一些能讓你遇到志同道合者的活動。
3. 專注	在你的日常生活中具體安排一些尋找伴侶的空檔，利用這些時間去選擇、規劃並參與一些活動（或從活動清單中挑選）。
4. 傾聽	請你仔細聆聽：男性與女性在尚未熟識的階段如何交往？這當中有哪些與你的情況相符？

	請你交好的內向者友人跟你談談，他們是如何遇到他們的伴侶。這些故事裡有什麼值得你學習與借鏡？在與新對象會面時同樣仔細聆聽：對方最喜歡談些什麼？對方是否表現出樂於傾聽的態度？
5. 平靜	放輕鬆！拓展自己的交友圈本該是件新鮮有趣的事，即便你的背後帶有更進一步的目的。在這樣的情況下更必須藉由平靜得到力量。 再次提醒你：千萬別強迫自己去做自己不想做的事！ 切勿同時進行過多的活動。 安排好休息與復原的時間。
6. 擅長分析	在回答了長處二的問題後，請針對你的答案安排一些適合的活動。例如蹓狗、上圖書館、當志工、學跳舞、參觀展覽、做運動、看舞台劇……。藉由這些活動讓你感覺忙碌，能有效減緩尋找伴侶時的緊張。 想想初次見面（經由廣告、網路交友）可以做些什麼活動。冷靜地運用你的分析能力，審慎評估你的對象，這麼做可以帶來安全感。可以自問：你能看出對方具有哪些特質？其中哪些能讓你感到愉悅？
7. 獨立	能夠獨處的人也將會是個好伴侶。你對自己目前的生活越滿意也就越容易去認識別人。在這方面顯得窘困的人稱不上「旗鼓相當」的對象，也較不具吸引力。你不想扮演這種角色吧？在此意義上你是獨立的嗎？請努力做到這一點。

8. 穩定	尋找伴侶需要時間。請考量到這一點，並且有自覺地付出這些時間。 請不要太早妥協。 對此，下面長處九的第二份清單可以幫助你。
9. 書寫	請做出兩份清單： —一份臚列讓自己散發吸引力的特質（增強自信）。 —另一份臚列你期望你的伴侶能擁有的特質（讓你的尋找具體化）。例如幽默、可靠、誠實……。標記出你絕對不願放棄的特質。請你也好好想想，哪些落差是你可以接受的？ 除了傳統的媒介，請善加利用網路交友平台尋找伴侶。使用網路可以有充裕的時間思考，此外，它也是一種書寫的媒體。
10. 為人著想的能力	在虛擬與真實的會面方面，這是一種很有用的特質，它不僅可以幫助你評估對方，還能促進彼此的溝通。你是否感覺雙方氣氛融洽？對方認為什麼事情重要？認真看待自己產生的負面情感（如生氣、恐懼、無聊、不耐煩等）。若能提出一些尋常的問題，例如平常都做些什麼休閒活動，可從中獲得許多有用的資訊。 最後：對方是否也會發問？是否有試著了解你？是否也能為人著想，還是自我中心？

關於初次會面，你也可以參考第六章與閒聊有關的建議。

克莉絲蒂娜的實例

由於克莉絲蒂娜對於網路交友有所顧忌，因此她決定採取傳統的徵友方式。

她在一份信譽卓著的週報上刊登徵友廣告，還參加了一家婚友社。在準備階段裡她認真思考了伴侶對她的重要性。此外，長久以來她有一項嗜好，她也參與了同好的研習會，彼此切磋琢磨。最近她打算寫一本推理小說。誰曉得她會不會因為這項新嗜好而遇到適合的對象……

與伴侶共同生活

伴侶關係是一種挑戰

大多數的人都樂於擁有伴侶關係。儘管如此，人們經常在這方面落得灰頭土臉。在西方已開發國家中，離婚率平均高達百分之五十左右（如果有結婚的話）。根據統計資料顯示，近年來在歐洲結婚率持續下滑，德國更是格外低落。在這種情況下，出現了滿街的兩性關係顧問。有鑑於內向者與外向者相異的溝通方式與需求，審視一下雙方可能遇到的難題是很有意思的一件事。內向者與外向者組合的伴侶關係該如何順利維持？與此相較，兩人同是內向者又該如何在伴侶關係中豐富彼此的人生？

請回答以下的問題：

如果你有伴侶，請問你的伴侶屬於內向者還是外向者？

如果你不確定，請利用第一章的概述與測驗協助你確認！

他／她是＿＿＿＿＿＿＿＿

特質與需求：＿＿＿＿＿＿＿＿

內、外配的伴侶關係

每對伴侶其實是各自活在自己的世界，最遲要到初期的強烈迷戀過後，雙方才容易察覺到兩個世界的不同。這兩個不同的世界深受價值觀、經驗、天賦及人格特徵所影響，其中自然也少不了內向性與外向性的作用。畢竟兩個世界多過一個世界，雙方因為自身的現實狀況而造成的差異十分耐人尋味。再者，其中一方往往可以幫對方做些對方覺得困難的事，藉此減輕對方的負擔。例如一位外向的妻子可以很輕鬆地為兩人規劃、處理與社交有關的大小事宜，她會刺激（或鼓勵）丈夫去參加派對，在派對裡她也不會讓丈夫落單，拉他加入自己正在參與的活動。而這位低調的丈夫對妻子來說，可以是個讓她取得平衡的避風港，他就如同波濤中的岩石，能提供她實在與穩定的感覺。

差異可能會讓人倍感吃力

然而，內、外配伴侶間的差異也有可能讓彼此倍感吃力。相異的步調、需求與想法不僅會造成彼此嚴重的磨擦，更會導致失衡。以上述那位妻子為例，在這種內、外配的情況下，每當涉及到與社交有關的事情時，所有時間與心力的付出全成了她一個人的負擔。在派對上，身為外向者的她因能與許多不同的人交談而感到開心，可是她硬要自己的丈夫過來一起參與，很可能忽略了他的需求。在與外向妻子的共同生活中，低調的丈夫會覺得自己很難獲得平靜、很難放鬆、很難有什麼時候是可以什麼都不做。

■內、外配伴侶間的差異可能會威脅、也可能會豐富彼此的關係

需求衝突

當一位內向者與一位外向者共同生活時，他們之間的矛盾可能會嚴重到對關係的維持造成威脅。內向的伴侶會覺得自己被操控、被忽視、不被諒解或受到壓抑。外向的伴侶則會覺得自己的另一半柔弱、怠慢、唯唯諾諾、過於消極等，而

這些會傷害到內向者的自尊。此外，外向者期待內向的另一半能提供更多刺激或更主動地參與社交。他們也可能會感覺到另一半沒有照顧到自己的感受，因為自己並沒有從另一半那裡獲得足夠的關心。相對地，在伴侶關係中內向者反倒覺得不必一直表示關心與主動，這樣會比較自在。

在溝通中，內、外配伴侶多半會在談話節奏與音量方面有所差異，就連對立與衝突的進行方式往往也各不相同。對於內向丈夫而言是太多、太吵、太劇烈或太迅速的事，在外向妻子看來或許稀鬆平常。當意見相左時，倘若內向丈夫不肯正面解決問題而是選擇逃避，也會因而讓外向妻子心力交瘁。此外，信任也是一個常見的問題，因為外向的伴侶會比內向的伴侶更快且更大方地將自己的事跟另一半分享。

以相互尊重為基礎

儘管如此，內向者與外向者還是可以攜手經營美好的共同生活。前提是，他們要做到相互尊重。這也是心理學家哈特維格・漢森（Hartwig Hansen，2008）所指出的伴侶關係的鎖鑰。在共同生活中，尊重主要結合了兩種因素：

良好伴侶關係的兩個關鍵

1. 認識自身的需求

唯有認識並尊重自身的所需，方能接納另一半的需求。

2. 認識另一半的需求

請你承認，你和你的另一半所需要的不盡相同，而且在同樣的狀況裡你們的感受會有所差異。這些感受獨立於將你們連繫在一起的情感。

當你確認了在需求方面的差異，便能坦然接受「人都是不一樣的」這件事。關鍵是，你要如何對待這些差異？在伴侶關係中你是團隊的一部分，當團隊成員各有不同的特質與能力，一個團隊便能從中受益。因此，不妨觀察一下，在你的伴侶關係中有哪些是因為相異的需求而帶來的益處。

例如你的外向伴侶是個

- 精力旺盛的人，能帶給你與你們的關係許多動能，
- 擅長舉辦活動與社交的人，可以讓你在這方面減少一些負擔，
- 在溝通上具有其他長處的人，當你在這方面遇到障礙，你便能受益於這些

長處，例如能靈活地交談（障礙八：僵固），或能具建設性地解決衝突（障礙九：畏懼衝突）等。

在此我特別為外向者的內向伴侶（畢竟本書是為他們所寫）列舉與外向伴侶相處時最重要的一些溝通策略。

內向者與外向的另一半的溝通策略

1. 談話

表達要清楚，發言要簡短，更關鍵的是，請講重點！你的實在（長處二）與擅長分析（長處六）能幫助你輕鬆做到這一點。

表達意見時，要注意自己的音量是否充足、語調是否清晰。倘若你說話太過輕聲細語或缺乏抑揚頓挫，你的另一半不僅容易聽錯，甚至可能會因而忽略你的事情的急迫性。

倘若你的另一半說話節奏快到對你造成困擾，你可以請求對方說慢一點或是重複說過的話。

你可以減慢對話的節奏，例如在面臨重要的共同決定時，可以請求對方給你充裕的考慮時間。

請對另一半的事情表示體諒，諸如主動地傾聽（長處四）、擅長分析（長處六）以及為人著想的能力（長處十）都可以在此時幫助你。

在進行重要的談話之前，不妨先寫下自己想說或想做的重點（長處九）。

請學著解讀另一半傳遞的訊息（如生氣、無聊、失意、恐懼……）。正由於雙方的表達方式有所差異，能夠理解另一半所使用的「語言」會是有幫助的。

表達出自己的情感，不論是愉快還是不愉快。這其中也包括了經常釋放好感給你的另一半！

將你自己的需求提出來溝通，並且同樣地關心另一半的需求。在談話中平等看待雙方的需求。對於會困擾另一半的事要表示體諒，最理想的情況便是你們共同能對一些事情一笑置之……。

2. 共同生活

認清你自己的需求，並且適性生活。

給予你的另一半同樣能適性生活的空間。

規劃共同活動時，盡可能顧及雙方，無論是去度假、參加慶祝會或待在家裡。

安排足夠的抽離方案，並且將此需求提出來溝通。重要的是，要讓你的另一半知道：我不是為了躲避你而抽離，是為了我自己！請求另一半的體諒。

尊重人格特質的內向性與外向性。你很清楚，這兩種類型各有各的長處與弱點。

請稱讚另一半比你更擅長的事，並且感謝對方為自己做了這些事，例如建立聯繫、申訴，或是在節慶前的週末投入擁擠的購物人潮中。

以我自己的內、外配婚姻為例，我是過了幾年之後才發現：我與屬於外向者的外子在「運行」上有多麼地不同，以及他的需要究竟是什麼。同樣重要的是，找出我自己需要什麼，以及讓我們的需求差異得以順利運行的方式。我們在婚姻中學會了給予彼此空間。我的先生需要較多朋友或社團的聚會，以及活動與旅

較少潛在衝突

行。他每進到一個房間，就喜歡打開那裡的收音機或電視。我則需要較多的平靜與抽離，尤其是沒有噪音的時間。

儘管我們的舒適區在內向與外向連續譜系上的位置不同，但我們還是逐漸摸索出了以這項差異為前提的共同生活方式。我們一起度過許多美好的時光。我們有足夠的幽默感去對自己或對彼此發出會心一笑。況且，不是還有耳機與耳塞這種東西嗎！而且，我們還擁有共通的愛好，同樣都帶給彼此許多的歡樂，例如與朋友們共享一頓美好的晚餐或是研究辯論。

特別要提醒你：倘若你與另一半的「運行方式」截然不同，千萬別以為對方會自動了解你的相異需求。你的另一半並非內向者，正如你難以一眼看出外向者的需求一樣，對方也無法猜到你的需求。因此，重要的是，你要先認清自己的需求，並將它們提出來進一步溝通。

內、內配的伴侶關係

倘若你與一位內向者維繫著伴侶關係，你可能會感到很舒適。無論如何，有人站在你這邊，這個人不僅了解，甚至還能與你分享你的需求。這是多麼理想的基礎啊！

請回答以下兩個問題：

在哪些方面你與你的另一半有不同的需求？

另一半

我

你如何對待這些差異，並藉此豐富彼此的關係？

你的內向伴侶是個——

- 願意傾聽、很有耐性、非常關心你的需求的人，
- 謹慎且能體諒你需要平靜與抽離的人，
- 與你擁有許多共同愛好的人，

●較不具衝突傾向的人。

然而，此種情況也隱藏著各種障礙，其中又以停滯（亦即一起不動）最為嚴重。尤其當伴侶雙方都具有消極（障礙四）或避免接觸（障礙九）的傾向時益發危險。可能導致的後果則是，缺少朋友、鮮少共同的美好體驗、殘缺的人格發展、由於缺乏靈活性以致無法解決問題、衝突與危機。再者，基於對彼此的認識，也可能因此發展出僵固、互相依賴的關係。不難想見，長此以往這一切都不會是健康的。在這裡也要提供一個概述，以便說明如何在這種樣態中讓彼此的溝通與生活避免壞處、享受好處。

內向者與內向的另一半的溝通策略

1. 談話

談論彼此的差異。這些差異對你們的關係有何意義？

將你的需求提出來溝通，並與另一半的需求做個比較。在談話中平等對待雙方的需求。

在有要事相談之前最好事先通知另一半，讓對方有時間預做準備。

倘若雙方皆有以書寫來表達意見的傾向，亦即具備長處九，也可採取書寫的方式平靜地溝通，無論是透過電子郵件、簡訊、小紙條或其他各種適合的媒介。

2. 共同生活

創造可以在你的生活中帶來某種程度變化的常規。以下是一些值得參考的建議：

—每年嘗試一種新嗜好，

—每兩星期一起外出一次，

—每個月認識一位有意思的人，

—由自己與另一半輪流每兩個月為對方安排一點驚喜。

請將常規標記於行事曆上。

遇有重要的會談、排定的談判交涉（參閱第七章）或上台說話（參閱第八章），不妨與你的另一半一起練習，如此一來可讓你們兩人都獲得訓練！

在無關個人利益的情況下，經營屬於你自己的交友圈與人脈。

在經營彼此均衡的生活中，負起自己該盡的責任。

倘若你是與內向的另一半共同生活，現在就請檢視一下你們的關係。

請回答以下兩個問題：

你與內向的另一半有哪些共同點？

你在共同的生活中看見了哪些障礙或挑戰，為了避免造成負面後果，對此你能做些什麼？

障礙	如何處理障礙

單身內向者的生活

獨自生活同樣有好有壞。它可以是自我開創的美麗人生，也可以是孑然一身的悲慘景況。許多內向者都有能力在不感到孤單的情況下獨自生活。他們會去做一些即使無人陪伴也可以進行的活動。他們甚至認為，在辛苦工作了一天之後能自己一人平靜地休息與恢復能量，其實還比較輕鬆。

單身族所面臨的風險

單身內向者所面臨的風險與上述內、內配的伴侶關係相似，不同的地方在於，就只有他們自己一人（而不是與另一半共同）覺得很難去從事些活動或與人接觸。特別是當單身內向者具有消極（障礙四）或避免接觸（障礙九）的傾向時，情況尤其嚴重。其後果便如同內、內配那樣，不僅缺乏社交，也會因此錯過能夠放寬視野的新體驗，如此一來，很容易導致個人發展停滯，處理問題、衝突與危機的能力也會跟著降低。

幸福單身生活的小祕訣

在此提供一些小祕訣，它們能幫助你避免上述的危害，讓你享受幸福的單身生活。

內向者經營單身生活的策略

創造可以豐富你個人生活的常規。以下是一些值得參考的建議：

—每年嘗試一種新嗜好，

—每年兩次認識一個新地方，
—每兩週可以去參觀一下展覽，或是看看電影、舞台劇或舞蹈表演，
—每個月參與一場慶祝會或社交活動，
—與某位友人輪流每兩個月安排一次活動。

請將常規當作任務或約會標記於行事曆上。

注意要經常與能激勵你或你覺得有意思的人互動。可以透過電話或電子郵件等媒介，但仍應多在工作時間以外安排彼此見面的機會，無論是與朋友、家人或友好的同事。

從事能令你快樂的個人愛好。

讓自己在組織或團體裡發揮影響力：維繫自己的交友圈與人脈。在能力範圍內盡量幫他人一些舉手之勞的忙（如澆花、修電腦、照顧小孩……）。反過來也同樣重要，倘若你有需要，應盡量開口請別人幫你的忙。

要是你格外關心某個議題，不妨去從事相關的志工，藉以在工作之外保持活躍。你可以在那裡遇到志同道合的人，而這不單只是有益於你尋找伴侶。

請開創並享受屬於你的單身生活，同時豐富自己與他人的人生。身為內向者的你有能力做到這一點。

陪伴孩子

當你與一位伴侶共同經營人生，你們將是一個家庭，此時你不再獨自過活，而是與一位對你而言重要的人結合成一個共同體。孩子以及雙方的親友可能會長期（如年邁的父親、喪偶的岳母或婆婆等）或短暫地（如寄宿學生、朋友、互惠生〔Au Pair〕等）出現在你們的生活中。

在充滿歡樂的家庭喧鬧聲中，最讓內向者深感困擾的莫過於過度刺激（障礙三）！諸如孩子的嘻鬧聲與不同的睡眠規律，還有大人之間的社交活動等，這些事情都會讓內向者疲憊到心力交瘁。更糟的是，抽離的可能性多半也會遭到限縮。

以下的建議可以幫助身為內向者的你，在家庭裡與自己的家人幸福地生活。

幸福家庭生活的小祕訣

內向者經營家庭生活的策略

1. **平等共存**。多半在一個家庭裡會同時存在內向與外向的家庭成員。無論他們的舒適區是位於內向與外向連續譜系上的何處，請盡你所能讓全家人皆可適性生活。請平等對待內向者與外向者的不同需求，例如對於想睡午覺的或想跟朋友去逛街的都應同樣尊重。

2. **抽離區**。安排一個舒適的空間讓自己能夠從日常生活中（即便只是短暫也好）抽離。可以是客房、在閣樓或地下室的空間，也可以是你自己的臥房。客廳通常是一個屬於團體的空間，不過要是小孩已經上床睡覺或不在家，此時倒也可以拿來當作放鬆之用。

3. **噪音**。如果你對聲音特別敏感，請設法降低周遭經常性的高度噪音。畢竟，總是會有噪音，完全排除恐怕不切實際！對於噪音不妨參考以下的具體辦法：

　—規定「室內響度」：你可以與家人約定，在用餐時交談的聲音不得超出適宜的室內響度。這一點同樣適用在家人提高音量「溝通」的場合。

—安排暫停時間：在遇到爭吵或挑釁這類典型的高分貝狀況時，你不妨先讓當事人分別待在不同房間裡，藉以和緩緊張的局面。畢竟，當人在氣頭上，有什麼可以說清楚的呢？不過等到硝煙散去之後，還是應該再次相互對話。

—利用科技：在家裡準備看電視用的耳機，如此一來，當丈夫與小孩在看《辛普森家庭》時，對聲音敏感的媽媽就可以在一旁看自己的書。

4. **保母**。對於內向者父母而言保母至關重要，可以是爺爺奶奶、隔壁的大哥哥大姊姊或是自己的姪女。僱用保母是一種能高度減輕負擔的好投資，不只有在夫妻一同外出欣賞舞台劇或參加宴會時，就連單純想要擁有片刻的平靜也是值得的。此時可以讓保母帶著小孩外出幾個鐘頭，讓他們去看電影、逛博物館或是去遊樂場玩都好。這麼做的正面效果是：你自己不但明顯輕鬆許多，在經過短暫的平靜後你也會更愛你的小孩。如果手頭沒有那麼寬裕，不妨與其他父母輪流提供保母服務，而這也不失為另一種建立人脈的好方法。

5. **精神食糧**。身為內向者的你，在竭盡心力與家人相處之餘，極需要精神食糧來均衡一下，這樣你的內在生活才不會完全被日常壓力所占據。在職場上不妨隨時留心最新的趨勢。你可以多閱覽一些好書，看有意思的電影、有趣的部落格，也可以多與人進行有主題的對話，例如討論麻疹或選擇學校等。請你刻意安排一些能與沒有孩子的人互動的機會。

6. 運動。不論與誰一起生活，適度的運動對我們都有益處。尋找一種適合你自己並且可以獨自進行的運動。你可以從中獲得兩種好處：健康並且充滿能量！要是你喜歡的話，下列的運動多半也可以與朋友或家人一同進行：健身（耐力與肌力訓練，非課程！）、體操、直排輪、慢跑、彼拉提斯、騎自行車、游泳、風帆、衝浪、太極拳、潛水、步行、徒步旅行、瑜伽。

兒童跟成人一樣都有自己的人格特質，即使成長過程中這些特質還會被形塑與改變。早自嬰兒時期起便可從對周遭環境與他人的反應中看出，他（她）天生帶有內向還是外向的性格。就連幼兒也已經在內向與外向連續譜系上建立了一個約略的舒適區，關於這一點第一章已介紹過。你若有小孩或是目前正與小孩一起生活，如果你知道在舒適感與成長方面，內向者與外向者各需要些什麼，那麼你就能更妥善地培育他們，幫助他們適性發展。尤其對年紀尚小的內向者而言，在進入到幼稚園與中小學時，亦即進入到一個以外向為「尊」、為「酷」的世界，此時若能讓他們懂得欣賞自己的長處與偏好，會是相當彌足珍貴的。不過，即便是外向的兒童，最好同樣盡早讓他們學習認識自己的長處與障礙所在。

評估自己的孩子

為了能夠做到這一點，你需要先進行一個約略的評估。可參考第一章的概述與對照表。如果你的孩子年齡已稍長，也可以直接進行前述的測驗。兒童與成人一樣，鮮少會出現極端內向或外向的情況，較常見的是舒適區落在接近中央的某處，雖然具有往某一方發展的傾向，但同時混合了兩方的特質。倘若你確認自己陪伴的是一位年幼的內向者或外向者，不妨在以下兩節中直接選讀符合你實際情況的部分。

陪伴內向兒童

養育內向兒童的親身經驗

我對內向兒童有所了解，因為我自己就養育了一個！我的「兒子大人」（我在推特與我的部落格都是這樣稱呼他，此處索性沿用）是個不折不扣的內向者，從小他便與外向的同齡者有顯著的區別。他一點也不喜歡較大的團體或人群，我們得費盡心機才能勸服他去參加小朋友的慶生會。在他就讀幼稚園的時候，他豐富的心智活動讓我印象深刻，有些見識連我們成人也未必趕得上。

在我們的「兒子大人」六歲時，他求我們饒了他，免去穿著節慶服裝、參加聖馬丁節（St. Martin's Day）遊行。在他看來，遊行時音樂又吵又難聽，現場還聚集了滿坑滿谷的人。到了八歲那年，他計算出每位素食者每年可以拯救上百隻動物的性命，便放棄了肉食。放學回家後，他會與他的好朋友們巴哈、貝多芬、蕭邦、拉赫曼尼諾夫，在鋼琴旁待上整整一小時，以便從教室的喧囂中回復。他的朋友不多，但全都是知心好友。沒錯，我真的很以他為榮。

以下概述是多年來經過無數的對話與思考後得出的結論，當然，其中也包含了滿滿的愛與關懷。若要舉出本書哪一部分特別經過現實的淬鍊，非這部分莫屬！

與內向兒童相處的小祕訣

陪伴內向兒童的祕訣

1. 讓你的孩子能與外界保持所需要的距離

內向的兒童通常從很小開始就需要獨處的空間回復活力。最好是有一個專屬的房間，萬一受限於空間條件或有其他兄弟姊妹而無法辦到，至少可以準備一個不受干擾的區域，每天有一段固定的時間給這個孩子專用。

對於出門在外的情況，例如參加校外教學、度假、參加聚會等，你可以事先與孩子說好，若有需要如何盡可能簡便地暫時抽離。在參與團體活動之前，請允許你的孩子先觀察一段時間。

距離也意味著與他人保持距離。請尊重孩子的「獨處時間」，在進入他們的房間前應先敲門。了解你的孩子所能承受的肢體親密度（例如依偎、在車裡互相緊靠著），並且尊重他們的舒適區。

2. 藉由常規使「暫停時間」變簡單

在時間管理上，「暫停時間」越是合理且規律，它的運用便會越容易。在這件事情上常規可以發揮很大的助益，它能幫助我們以特定的節奏、相似的方式反覆進行某件事情。以下是一些適例：

—度假的常規：在一段活躍期之後安排一段平靜期，例如逛街後靜下來閱讀，游泳後悠閒地喝杯茶、吃點心。

—外出聚會的常規：準時帶孩子赴約（千萬別趕在最後一刻！）。與孩子一起玩偵探遊戲，找出一個鬧中取靜可以讓人暫時放鬆的區域。若有必要，不妨請主人也一同加入。

—日常生活的常規：在孩子放學回家後，就在桌上擺一點他們喜歡的飲料與零食，不要喋喋不休地追問（此處指的是某個惡名昭彰、好發問的媽媽……）！

3. 幫助孩子找出自己的需求

幫助你的孩子找出在某些情況下什麼是適合他們的，尤其當身處的環境具有外向傾向時。例如慶生會不必非得熱熱鬧鬧地請來許多小朋友，也可以只邀三五好友前往海邊野餐並吃吃蛋糕。

當你的孩子在某種費力的狀況下明顯感到有壓力或「心力交瘁」（是的，這也可能發生在內向兒童身上），請你盡可能保持鎮靜（深呼吸，盡可能維持空間上的距離）。當孩子平靜下來之後，請你們共同回頭檢視一下先前的狀況，看看究竟發生了什麼事？當下次再有類似情況發生時可以如何妥善處理？你最好主動地傾聽（例如「喔，原來你以為馬特不想讓你參與，所以你就……」）並且提出開放性的問題，即「如何」、「哪些」這類疑問句，並且只要求評論不要求決定，例如「你們要怎樣才能讓所有的小朋友一起輪流玩？」內向兒童多半很擅長發現自己與他人的需求。

請注意，別對孩子的需求表達個人好惡。倘若你本身是內向者，面對這種狀況也許會覺得吃力。你只要以身作則地開導孩子去發現他們自己的需求，例如運用這類的問題：我能做什麼？我現在需要什麼？內向的孩子若在家庭會議上語帶保留，不妨找機會多徵詢他們的意見。

如果你內向的孩子有外向的兄弟姊妹，請注意，在關懷、談話時間與做決定等方面要公平對待。孩子越早學會採用不同的溝通方式與行為舉止是可行的，則越有幫助！

指點你的孩子可以用他們自己的想法去建立與他人的互動。對此你最好以身作則，如果你能樂意且輕鬆地與親朋好友們互動（並且在有需要的時候抽離），那麼你內向的孩子也能藉由他們的觀察中學到很多。此外，在找尋適合的玩伴方面，請你也從旁協助孩子。

4. 稱讚孩子特有的秉賦

這一點是第三點的延伸，此處的稱讚是指有意識地以言語對孩子的長處表達讚賞。請參考內向者典型長處的清單。你的孩子擁有哪些長處呢？你不妨透過稱讚讓他們明瞭。特定、具體的稱讚才能讓效力持久。因此，請不要說：「你總是很謹慎，這樣很好！」而要說：「你在下水之前會先檢查一下水深，我覺得這麼做很棒！」

採取這種態度，你還可以幫助孩子消弭自我懷疑並建立自信。與外向兒童相比，內向兒童容易懷疑自己，甚至無情地貶抑自己（「我什麼都做不好！」）。因此，盡量避免將自己因壓力所產生的煩躁轉嫁給內向兒童。他們可能會因而自責。如果你能接受並鼓勵內向的兒童保有其特質，這助益對他們是長長久久的，在他們長大成人之後，便可避免因為苛刻的自我批判態度而將自己封閉起來。

5. 在孩子於中小學的階段給予支持

內向的兒童在課堂上往往較不受矚目。一方面可以讓老師不用操心，另一方面也意味著，老師給予他們的關注往往少於那些較為醒目的同學。遇到口試的時候，有可能不利於內向者，因為口試不如筆試客觀。內向的兒童容易被視為是被動的，在團體合作中他們的貢獻經常被忽視。

請你多與老師聯繫以改善這種狀況。由於較長的神經元「傳導」（參閱第一章），內向兒童的大腦可能需要較多時間處理，正因如此，他們的思考比外向的同學來得徹底，也能長時間專注在一件事情上。請你靜靜觀察一下你的孩子在課外時間都做些什麼，諸如在運動、音樂、閱讀、交友等方面。

最後，還有一點要注意：在家裡設定一個受保護的框架，妥善進行與學校有關的溝通，例如在餐桌上討論、提出充分的理由爭取更多零用、在小組中學習濱臨絕種動物的相關知識等。

有一件事情，做父母的可以放心。許多心理學家在與內向者有關的研究中指出，內向者往往比一般人來得「發展遲緩」。在中小學階段，學校與同儕帶來的壓力常讓內向的兒童難以招架，導致他們無法充分發揮自己的潛能。幸好等到長大成人並且留意到自己的需求與傾向（諸如居住狀況、學習專業、工作形態、社會生活等），內向者便會感受到一股正確的「推進力」，在自己所做的事情上獲得滿足與成功。

陪伴外向兒童

如果你是位內向者，那麼外向的孩子對你而言會是一項挑戰。由於本書主要針對內向者的實際需求，在以下的概述中請留心參考可能的摩擦點。

陪伴外向兒童的祕訣

1. 讓孩子有個說話的對象

當外向兒童將想法與印象傳遞給他人時，便能有所發展，因為他們從中汲取到能量。前不久，有位內向的女性友人對我提及她兒子的事：「我愛他，可是跟他在一起，就好像一直開著收音機。所有大大小小在他腦袋裡閃過的事，他都非得說出來不可。有時我真的快被他搞瘋了！」倘若你本身是內向者，此處的第一點建議將可幫你減輕許多負擔。當然，身為父母的你理應是孩子的談話對象，不過，要是你並非孩子唯一的談話對象，這對於你們雙方都會比較好！

表達出來會讓外向者比較容易建構出自己的想法。因此，你可以盡早培養孩子與不同的溝通伙伴建立友誼及互動的能力，藉此幫助自己與孩子。例如你可以讓孩子邀請朋友來家裡玩，或是允許他們去朋友家或親戚家過夜，偶爾也可以帶他們參加適合小朋友的場合或聚會。

如果你的外向孩子偶爾表現出退卻，你也不必過於大驚小怪，這屬於正常的發展，不代表你的孩子將從外向變成內向。

2. 鼓勵孩子利用經驗與印象

由於大腦中傳導路徑較短，外向者傾向迅速、衝動地做出反應。他們可以快速地從一項活動轉換到另一項，但是也容易因而分心。你不妨利用自己的長處幫助孩子暫時停下腳步，並反思一下：剛剛發生了什麼事？誰想要什麼？有哪些不同的方法同樣可以解決問題？怎樣才能讓情況好轉？

同樣的方法也可以應用在當你對外向孩子發怒時。就你看來哪裡不對？（受邀而來的小朋友一直被使喚。）孩子該怎麼做？（跟對方道歉，下回準備一種適合所有參與者的遊戲。）

採取這樣的方式，孩子便能逐漸學會從自身的行為中收集到更多資訊，藉此修正自己的態度並探測他的選擇自由。這是成長的重要步驟。

3. 為差異尋找空間

身為內向者的你若是與外向的孩子共同生活，也許會心力交瘁，甚至十分沮喪。你們的需求，諸如喜歡從事的活動、親密度、交談需求、生活步調等，有可能南轅北轍。因此，學習如何與差異共處，便是你與孩子相當重要的課題！

交流是其中一項功課。請你對孩子說明，你（或是家中其他內向者成員）偶爾需要一點寧靜，或是太多小朋友經常到家裡來玩不會讓你感到全然的喜悅。相對地，也請你認識孩子因其個性而有的需求。以下是日常生活中的適例：

—作客計劃：你不妨規劃「作客日」與「休息日」。你的孩子如果有很多朋友，你不妨與其他家長做些簡單的約定，像是作客地點的輪替、允許孩子在朋友家過夜，或是共同請個日間保母等。如此一來，你甚至還能空出時間上圖書館或調劑一下身心。

—刺激：當外向兒童受到關注與肯定，他們會生氣蓬勃。你不妨設計一些符合他們興趣的計劃或任務，給他們一點挑戰，例如來一場木偶秀或才藝表演、做一個系列專訪，或是在家裡辦一場藝術展覽等。

—距離：安排平靜時間，在這時段裡孩子要輕聲活動，而你也可以做自己想做的事。如果孩子想邀請許多小朋友辦一場大型慶生會，也不必非得在家裡舉行。你可以心平氣和地在參與對話或活動方面為自己設限。不必整個下午都耗在某個學習項目的問題上，可以關掉電視（外向的孩子或許會把電視的聲音當成寫作業的背景聲音），騰出一個小時，有效率地配合孩子完成功課。

4. 稱讚孩子特有的秉賦

這項建議同樣適用於內向與外向兒童。此處的稱讚是指有意識地以言語對孩子的長處表達讚賞。你的孩子擁有哪些長處呢？你不妨透過稱讚讓他們明瞭。特殊的稱讚格外能夠鼓舞外向兒童。因此，請不要說：「你好會說話！」而要說：「我聽到你解釋那個遊戲給你的朋友們聽。他們一聽就明白了，因為你不但說得很清楚，而且還舉了很好的例子！」

設想一下，外向者很需要被他人關注。因此，如果你能強調正面的事情，對外向的孩子格外有益，例如作業做得有多好、選了很棒的母親節禮物、打了一通很有意義的電話給朋友……。

5. 增進注意力

在課業上，外向兒童的口語表達或團體合作多半沒有問題，比較有挑戰的則是較長時間獨自專注在某件事情上，例如自修、隨堂測驗或家庭作業等。

專注是可以訓練的。你不妨指點孩子，如何將較多的工作分成數個段落或步驟。當他們完成較繁複的工作時，適時給予鼓勵。允許孩子可以切換不同的活動，但前提是必須先經過一定的時間，而且這段時間應逐漸拉長。或者你不妨模擬運動競賽，讓孩子挑戰看看，小朋友在二十分鐘內可以做對多少數學題？這種寓教於樂的形態特別能激勵外向兒童專注於某件事情上。

孩子若能越早認識自己的長處與障礙，就越能接受它們、與它們和諧共處，同時感受到愛與關懷。在一個自己的特質受到所有成員尊重並享有發展空間的家庭裡成長，便是對人生做了最好的準備，不管在與他人互動或是與自己相處方面。

本章重點整理

- 與他人共同生活可以豐富自己的人生，對內向者而言也是如此，儘管內向者比外向者更能獨自經營充實的生活。
- 內向者在**尋找伴侶**時，可以將自己的長處全部運用上。
- 不論另一半是內向或外向，同樣都能經營出幸福的**伴侶關係**。然而，其中總有許多不同的事情要注意，以及各種障礙要克服。
- 無論是溝通還是共同生活，有一項重要的基礎：認識並尊重自己與他人的需求。如果伴侶雙方將彼此視為一個團隊，便能輕易地透過兩人之間的差異來豐富彼此的人生。
- **獨自生活的內向者**雖然能享受自由自在的生活，卻也會面臨孤立或個人發展停滯的危險。藉由有目標的活動與常規，可以避免身陷困境並開創出美好的人生。
- 生活在**有孩子的家庭**中就跟伴侶關係的情況相似，如果所有家庭成員都能獲得符合自身特質的發展空間，家庭生活必能幸福美滿。這仰賴相互的關懷與妥協，對於彼此的了解也是需要學習的。

● **內向與外向的兒童**在溝通與人格發展方面各有不同需求。在陪伴孩子成長的過程中，父母若能認識孩子的人格特質與需求，並針對實際狀況給予支持，孩子將會受益無窮。

第五章 公共生活的人際關係：形塑適合內向者的職場

霍爾格（二十七歲）在一家大型製藥企業擔任企劃。他與同事波里斯共用一個辦公室。身為內向者，若可以長時間專注於一件事情上，尤其是在沒有播個不停的音樂干擾下，霍爾格便能有效率地將工作做到最好。

近來有件事逐漸成為他的困擾，而且很有可能會把他逼瘋：波里斯連短短半個鐘頭也無法好好地待在辦公桌前做事。最多撐個十五分鐘，他不是開始打電話，就是離開辦公室，多半還是會對霍爾格說個理由。當波里斯在工作上卡住了，他就會找霍爾格談一談，因為他比較喜歡在與他人的交流中將問題解決。波里斯的行為模式讓霍爾格經常工作到一半便被打斷，重新進入狀況又得再費一番功夫。更糟的是，波里斯還經常會因為工作受挫而發怒。難道波里斯都沒發覺自己的舉動會干擾他人？即便霍爾格好心與他討論這種狀況（他已試過幾次），但

- 同事可遇不可求
- 行行都有內向者狀元
- 內向者活躍於職場生活

只得到短暫地改善。沒多久，波里斯便會故態復萌。

在職場上，大概只有在很有限的情況下能夠挑選與你共事的人。同事、顧客、老闆，大家的個性各不相同，各有各的目標、情感、利益與特質。這情況有時會讓人心力交瘁，尤其是對於內向者，他們在不受干擾的情況下能把工作做到最好。然而並非每個人都像內向、敏感的霍爾格那樣，在與一位如波里斯這般超外向同事共事的情況下，被逼到快要抓狂……。

然而，內向者倒也並非少數！這意味著，在內向者中不是只有查帳員、審計員、研究員與資訊科技工程師。事實上，在各行各業中，內向者憑藉自身的技術與長處，（至少）與外向者一樣成功。在某些領域裡他們甚至更為成功，像數位革命與社群網路的發展，若是沒有這群專注、堅定的內向電腦專家，恐怕就不會成真。（此外，某些駭客肯定也是。）

本章無意取代就業或管理諮詢，此處的重點同樣是針對內向者的長處與需求，只不過是以職場為範疇。本章主題涵蓋了內向者在公共生活方面常面臨的問題與壓力。在團隊中你該如何專業地與他人共事？身為內向者的你又該如何打造適合自己的領導風格？不太喜歡談論自己才能的你要如何彰顯自己的成績？內向者應如何善用溝通管道以符合個人需求？最後還要討論一個過去鮮少被注意、但越來越受重視的問題，這項壓力因素常讓許多內向者精疲力竭：在出差時內向者該如何讓自己感到舒適？基本上，本章主要還是著眼於一個大問題：如何形塑適合自己的溝通方式，進而為你帶來成功的事業？

至於職場生活裡的重要面向，諸如人際關係管理、談判交涉、上台說話以及會議中的溝通，將在第六章至第九章分別有詳盡的闡述。

內向者無法參與團隊合作嗎？

團隊裡的內向者

內向者喜歡獨立作業，善於心智活動。這不禁讓人懷疑，相較於可以從團隊合作中獲取能量的外向者同事，內向者是否比較沒有進行團隊合作的能力？當然不是。若欠缺內向者的參與，團隊的戰力可能會大打折扣，甚至導致計劃失敗。有兩種說法是正確的。第一、在團隊裡內向者容易被低估；第二、在團隊溝通中內向者的行為模式有別於外向者。

被低估的隊員

內向者比較安靜，為什麼到了團隊中他們就會變得不同？當內向者成員的績效獲得青睞，他們便能在團隊裡發揮最大的作用。這取決於不同的因素，例如專業領域、企業文化、同事與老闆的態度，還有團隊裡內向者與外向者的組合等。

莎賓娜是我的一位朋友，直到幾個月前，她都一直在德國某大集團的參謀部門工作。在一群明顯具有外向人格的同事中，身為內向者的她與另一位內向的女同事儼然就是少數族群。她那位極為外向的女主管向莎賓娜表示，不想再把她留在團隊中了。在主管眼中，莎賓娜既呆板又不積極。得知主管的意圖後，莎賓娜便另謀高就，並且爭取到了更高的職位。她的才能，諸如優秀的研究、企劃、與企業中許多部門維持良好的關係等，完全被外向的主管給忽略了，因為莎賓娜從未在與她的溝通中強調過這些。後來等到發生一些問題後，例如訊息管道中斷、企劃案品質不佳且瑕疵重重，莎賓娜的主管才意識到她的優點，並察覺彼此認知上的差距。無論如何，這位女主管還算公平，她找機會親口跟莎賓娜說了這些事，還向她坦承自己沒有看清事情的真相。

許多內向者都有和莎賓娜同樣的經驗。儘管發揮了自己的長處拚出成績，並為團隊提高了績效，但就是遭到低估。這當中的差錯顯然就是，外向者沒有察覺內向者同事的能力。不過，這句話只說對了一半。事實上，這些內向者同事也該負起一半的責任，因為他們太少做些能讓他人察覺其長處與成就的事。

讓別人能看到你的成績

團隊合作的良方

內向者的團隊合作

因此，核心問題就是：在一個團隊中，身為內向者的你該如何工作與溝通，才能妥適地彰顯出你個人以及你的成績？此外，該怎麼做才能讓你與你的同事在彼此都舒適的狀態下共事？

若想解決這些問題要滿足以下兩個條件：第一、應該照顧到你的需求；第二、同時也應該照顧到外向者成員（照顧內向者十分簡單……）的需求。以下所建議的方法在於調和這兩個面向。

團隊中的成功溝通：不妨以這些方式調和你與他人的需求

1. 你的需求：長時間不受干擾地獨立作業

外向者的需求：分段作業、相互諮商、針對成果與其他程序進行溝通

策略：創造互動的常規。一來讓你與他人皆有規則可循，二來提供你必

要的自由空間，以便專注在自己的工作上。

建議：

—提早開始，或是比別人留得更晚。利用這段「無人」期，爭取更多處理工作的時間。

—在會議結束後稍微保留一段時間，藉此與他人交談。請刻意做這樣的安排。

—與同事協調出每日的一段時間，在這時段你可以不受干擾地專心工作。

—將你的工作分配成每日進度，在工作一段時間後稍事休息，藉此與他人交換一下意見。你也可以透過電子郵件或電話來與他人交流。

—遇到臨時找你的同事，倘若你確實不方便，不妨與對方另約時間，例如「我現在正在忙。如果你下午有空的話，我們可以一起喝杯咖啡。」請注意，要是遇到緊急狀況，不宜採取這種方式回應！

—與你的同事談論你們的工作。內容應盡可能具體，例如「上週怎樣怎樣的那位客戶，他是如何反應的？」透過這樣的關注，便能夠得到重視。

2.你的需求：偶爾平靜一下

外向者的需求：找機會與人互動一下

策略：規劃一些活動，或是在日常工作中安排一些時段，讓你與同事有機會互動。請你也同樣規劃好抽離時段。

建議：

—將自己的工作視為舞台。「存在」需要有某種程度的表現。也需找機會離開舞台稍事休息，例如利用午休時間出去散步，在壓力很大的情況下甚至可以到洗手間做個「短時間的暫停」。

—與他人相約共進午餐。許多內向者都很重視兩、三人的午餐。給予和你有互動的人全心投入的關注。

—在參與活動或研討時，例如聽演講，不妨缺席一小段時間。利用這段爭取來的時間稍微喘口氣。

—為此，請先找出團隊中的不成文規定：哪些社交場合與聚會是重要的？哪些則否？然後依照這些準則行事，換句話說：

—請你勇敢地婉拒一些非優先的活動，例如在忙了一天的促銷活動後去酒吧喝酒。如果你有足夠的能量，可以藉由參與其他活動來平衡因此造成的疏離，例如第一晚可以婉拒，第二晚再去參加。

—你不妨提出一些自己喜歡參與的活動，例如試試某家新開張的咖啡店、為某位即將生日的同事準備生日禮物。

3.你的需求：少說話，多做事

外向者的需求：透過溝通摸索出什麼事情與什麼人有關、要如何才能受歡迎

策略：有目標地進行溝通。

建議：

—如果你喜歡獨立作業，不妨列出自己成功完成的工作項目，並以書面的方式做個整理，這將幫助你在適當時機能以輕鬆、自信的方式舉出自己的工作成績，例如「我才剛完成一項類似的企劃案，就是……」

—不要視開會為浪費時間。可參考第九章的相關說明。

—與你看重的人建立私交。可參考第六章的相關說明。

—善用你自己在觀察與分析方面的長處找出：你周遭的人認為什麼是重

要的？他們都喜歡些什麼？並且適時地表現出你察覺到了。例如「不曉得你還想不想去參觀在柏林舉辦的波提切利（Sandro Botticelli）展？我妹妹才剛去過，她覺得非常有收穫！」

- 發掘你個人的幽默風格。善用它來為自己製造正面印象。千萬不要：諷刺與挖苦。
- 藉由在對話中總結重點或是促成決定，來幫助你外向的同事（與老闆！）。
- 勇於任事並妥善溝通。展現團隊的成果，倘若那些成果屬於你的責任範圍。當你有新任務或新同事，請說明任務與期許。有事情進展得不順利時，請提出來與他人磋商。
- 注意你溝通的焦點，當個排憂解難的人而非製造疑慮的人。因此，請你說：「我們該怎麼做才能及時交貨？」而不要說：「這鐵定來不及！」儘管這兩種陳述都是基於同樣的狀況。
- 請為立下里程碑安排慶祝。此舉不僅可彰顯團隊工作的佳績，更可借助正向經驗增進彼此的情誼。請不動聲色地向主管請求這件事。

內向的管理策略

身為內向者的你擔任管理職位嗎？如果是的話，恭喜你，你待的是一家好公司！事實上，成功的內向者主管真是多不勝數！這其實是有道理的。在與內向者主管有關的著述中，珍妮芙・凱威樂（Jennifer Kahnweiler，2009）指出，在內向者主管身上常見三種特殊長處：第一、他們會因有助於職責而自主地跳脫自我框架（長處七：獨立）；第二、他們擁有從容不迫的自信（長處五：平靜）；第三、他們擁有一種特殊的社交能力，因為他們會去關注周遭的人及其需求（長處四：傾聽、長處十：為人著想的能力）。活潑、積極的職員能從內向者主管那裡獲得發揮的空間，進而落實自己的想法，一展所長。

相對地，同樣也存在著許多會讓內向者主管心力交瘁的因素，諸如壓力、欠缺人脈、拙劣的自我表現、他人的錯誤印象等。這不僅與內向者偏好的溝通方式有關，也涉及他們實際面臨的障礙（參閱第三章）。

對內向者而言，擔任主管往往意味著要跨出舒適區一大步。他們再也不能賴在一個自己瞭若指掌的區域，而要運用溝通能力去串聯不同區域的人，讓大家像交響樂團般共同演奏出和諧優美的樂章。當面臨瑣碎（障礙二）、避免接觸（障礙九）或畏懼衝突（障礙十）等障礙時，主管之位會讓人如坐針氈。新工作與新責任不僅無法讓人如在原職上做決定那般寫意、輕鬆，還令人感到費解、混亂或迷茫。

有些內向者會刻意推辭主管職位（或是寧願自主，以求盡可能地獨立）。這些都是很正常的。不過，當你面對是否要升遷的抉擇時，請先確認一件事：跨出舒適區不會對你擔任新職位造成妨害。如先前所述，確實存在著許多十分優秀的內向者主管。

讓我們進一步了解，這些身為領導階層的內向者主管有何過人之處？答案就在四個基本策略上。

針對可靠性進行溝通

管理策略一：建立自信

背後的道理其實很簡單：若是連身為領導階層的你都對自己的長處與能力感到懷疑，你的存在將很難取信於旁人。原因在於，當你在與他人溝通時，從你的言談及肢體語言中，釋放出太多「我自己也不是很有把握」這樣的信息。這絕非是向對方展現出如金剛般的強者姿態，就連身為內向者的你，想必也不會願意追隨沒有自信的主管，對吧？然而，健全的自信是你可以也應該要培養的。練習對自己的某些事情擁有自信：看清你自己的長處，並且不帶任何評價地認知自己的弱點，不必理會外界的反饋。自信與自知，這兩者具有密不可分的關係。

養成固定習慣，經常問自己：我今天妥善完成了什麼？我能運用哪些長處？藉此提升自我價值感

許多內向者都會較為嚴苛地對待自己，因為他們在心智處理過程中不斷為自己的行為、溝通與思想打分數。你也是這樣的人嗎？如果是的話，借助具體的詢問，將自己的想法導往增進自我價值的方向，對你將會有極大的助益。不妨每晚都反問自己：我今天妥善完成了什麼？我能運用哪些長處？若是你希望有效率地提升你的自信，可以寫一本關於這些成績的日誌，每天做一次記錄。你很快就會發覺，你的觀察起了變化，你的自信有所提升。

如果你認為有必要加強鍛鍊你的自信，專門的訓練會有幫助。在訓練的過程中讓專家從旁給予你專業的協助。

投入職場環境中

借助為人著想的能力展現強烈的存在感

管理策略二：認真關注你所面對的人

第二項策略與為人著想的能力（長處十）直接相關，另外也和專注（長處三）及傾聽（長處四）有關。它能將你自己的觀點傳遞給周遭的人，諸如你的上司、同事或部屬。

內向者主管可以將注意力集中在對方身上，藉此發揮強大的影響力。以下是一些適例：

- 發揮同理心，不管面對的是人、事或物，例如病童、最喜歡的度假地點等。
- 發揮充實談話內容的能力。
- 發揮不帶任何成見去傾聽（沒有立即的評價，也沒有譴責的態度）以及保持謹慎的能力。
- 發揮超然於地位與優勢，虛心接受他人意見並納入自己考量的能力。

細心待人接物的主管會散發出強烈的存在感。光憑第一項策略無法達到這一點。一個只有自信、只關心自己的人，不一定能散發出存在感。因為這當中欠缺了對周遭的關懷，即使他尊重社交的常規也一樣。對方是否真誠地傾聽我們、是否認真地關注我們，每個人都感受得到。

身為主管而能以這種方式與上司、同事及部屬溝通，會帶來很多的好處。他們能輕鬆建立起完善的資訊管道，因為大部分的人會很樂意且滿懷信任地與他們談話。他們便能從中找出激勵團隊成員的要素，因為他們會知道成員各自看重些什麼，是較多的居家時間、加薪還是聯誼等。他們甚至還能看出，在團隊中哪裡有培訓需求、潛在衝突或裁決的必要。此外，他們更清楚誰適合擔任什麼樣的任務，誰應該透過教導或訓練來給予支持。簡言之，他們對周遭的一切了然於胸，部屬們也會感到自己受到關注與重視。

管理策略三：培養綜觀事物並掌握全貌的能力

內心常存企業目標

好的主管會看得比手邊正在進行的案子更遠。對於企業目標、自己部門的工作與運轉，他們會有更全面的想法。這讓他們與日常工作保持一定的觀察距離，而能夠行動靈活、應變快速（出乎意料的事經常會發生！），且正確地判斷事情的輕重緩急。（總是有太多有待完成的事！）

計劃是內向者的長處

規劃自己部門的目標與發展也能培養綜觀事物並掌握全貌的能力，即便原先的規劃僅有部分落實。許多內向者主管善於計劃，他們的長處與此相符。一個成功的計劃最好採取書面的形式（長處九），有清楚的分析評論以及對次要目標輕重緩急的分配（長處六），最要緊的是要務實（長處二）。此外，穩健地循序漸進（長處八）也有助於目標的達成。

你若能落實第三項管理策略，你將會發現三件事。第一、你會變得很有效率；第二、你可以順利地激勵他人達成目標，尤其當你能同時與第二項策略雙管齊下時；第三、你不僅會覺得與上司針對自己的部門進行溝通變得容易，也能大膽提出建言或支持某些決策。身為一位清楚自己在做什麼的主管，你將大幅提高能見度。事實的確如此！

管理策略四：訓練對話與面對衝突的能力

身為主管的你不單只是要負責維持生產力與完成工作而已。明察溝通的狀態也是你的任務。團隊成員如何共同合作？與其他層級或部門如何互動？誰該與誰搭檔？忽略這些問題的人，很快便會嚐到苦果：衝突會惡化，令出無門會造成資訊與資源的浪費，缺乏互動將導致誤解或對立。

此項管理策略需要你的社交能力。在以下關於「對話」與「面對衝突」的段落中，將說明有哪些可能的途徑且會帶來什麼幫助。

對話

早自三十多年前，在美語裡便有一個生動描述成功的管理對話的概念：「走動式管理」（Management by Walking Around）。這項原則很簡單，藉由勤於四處走動，來創造與工作環境中的人不斷見面及溝通的機會。身為內向者的你，應該很能接受這種一次與一人或少數幾人會面的方式。你將因此聽到更多東西，因為面對面或是小組對話會比團隊會議談得更深入。

因此，請你動身到上司、同事與部屬工作（或吃飯）的地方，去那裡與他們碰面。不妨善加利用出差、搭電梯、一起等待或社交場合這類機會，與他人進行對話。同時別忘了運用第二項策略，認真對待與你對話的人。當個樂意與人交談的主管！

■ 落實「走動式管理」！

借助「走動式管理」可以達成兩件事：第一、你將獲悉更多事情，例如與工作氛圍有關的事（像是衝突或霸凌之類的內情；參閱下個段落的說明）、新鮮與令人驚訝的事、祕密與私人的事、潛能與問題等；第二、身為主管的你不僅能受到愛戴，並可掌握企業內部的脈動，因為職場周遭人的實際情況無異於企業的脈動。

面對衝突

衝突是人性的

衝突是很正常的，因為無論是在情感、願望、行為、習慣或特質方面，每個人都不盡相同。由來自不同年齡層、傳統、文化的人所構成的職場環境，就更不用說了。當無法達成共識時，個性上的差異很容易引爆衝突。如本章開頭的例子，霍爾格與波里斯這對共用辦公室的同事，他們個性上的差異會在許多方面蓄積潛在的衝突。

衝突創造契機

光是無法達成共識尚不足以導致真正的摩擦，當事人的情緒負擔以及工作狀態的受阻才會引爆真正的摩擦。衝突其實隱含著一種風險：倘若它未被提出來商討與解決，它不但不會自動消失，反而會越演越烈，就連前述的負擔與受阻也會一併加劇。在衝突十分嚴重的情況下，團隊的工作能力甚至會因此癱瘓。然而，若是衝突能夠獲得關注與商討，它倒也不失為一個契機。因為衝突就好比地震

霸凌

儀，它能偵測「溝通地震」，進而幫助改善溝通、情勢、程序或行為方式。這種改善則是主管的另一項職責。

身為主管應當基於這兩方面的理由，即可能的危害與可能的改善，主動處理衝突，並且依照個性差異對症下藥地採取妥適的溝通策略。例如衝突是發生在日本人與法國人之間，或是發生在實習生與資深主管之間，當然也有可能發生在內向者與外向者之間。在本章開頭的例子中，後來霍爾格與波里斯的老闆得知兩人的緊張關係，便在企劃部門的一次改組中為霍爾格安排了一間個人的小型辦公室，波里斯則與另一位（外向者）同事共用一間兩人辦公室。

衝突管理也包含了霸凌這個議題。如果你能與部屬真誠地對話，許多實際存在、卻被忽視的干擾很可能一一浮現在你眼前。然而，身為內向者的你或許會覺得討論與處理一些棘手的事情很困難，尤其當逃避（障礙五）與畏懼衝突（障礙十）是你的切身障礙時。這時不妨安慰自己：衝突對外向者而言其實也是地雷區！如果你想訓練或加強自己處理衝突的能力，可以在參考文獻中找到四本十分傑出的相關著作，書中許多具體案例及豐富的背景知識將帶給你很大的幫助。

彰顯成績

事實上，內向者同樣可以在職場上做出很好的成績。只不過，他們多半有一個通病：內向者不僅不愛現，而且還很鄙視自吹自擂！這是獎章的一面，至於另外一面則是：內向者老是得不到提拔。原因很簡單，有決定權的人對內向者的績效與成果知之甚少。

請回答以下兩個問題：

你如何看待自己落實這四項管理策略的能力？針對個別的策略，你將如何改善？

管理策略	我的能力	改善的方法
1. 建立自信		
2. 認真地關注對方		

3. 綜觀事物並掌握全貌

4. 訓練對話與面對衝突

很顯然地，成功的策略就是：你雖然不必非得變成自吹自擂的人，可是至少要讓你的成績有適當、充足的能見度。依循以下原則，你便能妥善地向他人展現你的長處與成就。

為事業溝通：平日遵循的五項原則

原則一：以上司及自己為導向！

將你認為是你的成績的所有事情寫下，如銷售成果、完成的企劃案、獲得解決的問題、與（麻煩的）同事或客戶的成功溝通等。你沒有寫下的，即便是你自己也很容易就會忘記。更重要的是，如果你總是十分嚴苛地看待自己，這份成績單便能夠幫你找到自信。請你想想，若是連你自己都不相信自己的成就，別人還能怎麼辦呢？具體實在地列出自己的成績，便可避免讓你落入冷酷的自我批判或過度的完美主義裡。不僅如此，你還可以從中學會看出自己的成就。

每隔六個月檢視一下這份清單，將你在過去半年裡所完成較特殊的事情概要地寫在一張A4的紙上。如果你受僱於人，並依照與主管協議的目標工作，這份清單將是你未來要求加薪很好的書面資料與論據。也許更重要的是，如此一來，你隨時都能掌握自己的成功方程式。這麼做可以吸引你去注意自己的成就，否則它們很容易就會遭到埋沒。此外，你更可清楚地認識到，什麼事情是你得心應手的，什麼又是你感興趣的。效果便是：自信增強！

如果你能了解在你的工作環境中什麼是有價值的，便可在落實本原則時收到最大成效：

─什麼會被視為成功？
─什麼特別受到青睞？
─特別需要擁有哪些能力？

請注意，你要展現的成就應符合上述問題的答案。

此外，這項原則也非常適合用在傾向於微觀管理（Micromanagement）的主管身上。請你定期（例如每個週末或每兩週）呈交正在進行計劃的進度簡報，最多以一頁為限，而且最好按照固定的格式填寫。經實證較佳的格式為：主題、進度條列、排定工作、問題釋疑。若能在每週五都獲得這樣的簡報，上司便可以明確地知道你的表現。

原則二：與同事及上司建立私交

你可以在例如員工訪談、開會、報告等典型的專業場合中展現你的成績。不過，這些「公開的」溝通只能提供一個提高你能見度的平台。除此之外，請務必在你的工作領域中與領域外建立屬於自己的專業人脈。你不妨與同事們共進午餐，或是參與一些如慶生會之類的非正式場合，藉此開發可靠的人際關係。前述的第四項管理策略以及後面的第六章，都可以在落實這項原則的過程中助你一臂之力。

原則三：表明你的興趣所在

倘若你有規律地奉行原則一，便可認清什麼事是你得心應手的，什麼又是你感興趣的。從中你將看出自己可以擁有的事業發展。最好朝著自己喜歡且擅長的工作前進！

畢竟你我周遭並非人人皆為伯樂，當你對某項計劃或某個工作領域格外感興趣，便應該將你的意願對合適的人（順道）提及。倘若你奉行了原則二，你會更容易辦到這件事。

原則四：勇於任事

有許多工作未必是你的職責，但你可以運用它們來提升自己的能見度。請你自告奮勇地接受工作，並且克盡職守地完成它們。

這些工作有可能是與某位麻煩的客戶交涉，有可能是去支援其他的同事，也有可能要在某個領導小組面前發言。請你勇敢地在會議上發表意見。不妨將自己的發言排入議程，鼓起勇氣在高層面前做進度或企劃案之類的報告。

勇於任事代表著可以提高能見度，你所做的事將為人所共見。然而它也意味著風險，你同樣有可能慘遭失敗，這也不失為另一種提高能見度的情況。畢竟，要是開創事業有那麼簡單的話，人人不早都飛黃騰達了！

原則五：下放權責

這項原則與前一項並不矛盾。唯有當你的職責在自己是否參與都能順利推動時，你才有餘裕去承擔未必是你職責所屬的工作。即便你對部屬不太放心，如果你相信哪些人能夠勝任哪些工作，不妨將權責下放給他們。如此一來，有實力的部屬感覺自己有用處並得到賞識，將深受鼓舞。此外，你也可以藉此為團隊發掘人才。這項策略深具價值，因為你將行有餘力去完成原則四的重要工作。

然而，下放權責也是有代價的！例如在部屬有能力籌備活動之前，你可能要先調教他們一番，這將耗費不少時間。又例如你挑選的部屬並不擅長做報告，身為上司的你便必須為此負責。正如原則四，權責也是一種風險。不過，當你的部屬有了進行協調的經驗、學會了如何籌備活動，或是能夠勝任報告，這時減輕負擔便是你可能的獲益之一。

善用溝通管道

除了親自會面，電話與電子郵件是職場中最常見的溝通管道。能夠收發電子郵件的行動電話讓我們在工作場所以外還是可以被聯繫到，因此許多人都會配備這樣的工具。

大部分的人會偏好其中之一。就我個人經驗，內向者多半喜愛使用電子郵件勝過電話，以下的相關陳述將說明原因。然而，撇開個人喜好不談，單就場合與對話者來說，有時適合用電話，有時則適合用電子郵件。兩種方式都是職場上需要的。接著要探討的是，內向的你如何善加利用這兩種工具，發揮最佳的溝通成效？有一點要先提醒，某些情況應該採取面對面的溝通，例如告知懷孕、解僱員工或表示批評。

打電話

電話是一種壓力來源

內向者與電話並非總是很「麻吉」。電話鈴響會讓許多內向者感覺被打斷，特別是那些喜歡長時間專注於一件工作的內向者，這種感受格外深刻。一般說來，電話確實是一種壓力來源。當有人打電話進來時，不但會讓人分心，拿著電話筒的內向者也容易感到有負擔。這主要有兩個原因：第一、接電話的人必須毫無準備地去配合對方以及他的事情。這比親自會面的情況要困難許多，因為除了聲音方面的資訊（如音調、音量、說話速度及語氣等），欠缺許多能夠幫助解讀的肢體語言的信息；第二、在接聽電話時會期待對方能迅速地對談話內容做出反應，這有別於撰寫電子郵件，較無法允許時間上的遞延。因此，內向者不僅感覺被電話干擾，甚至覺得受到這種溝通狀況所擺佈。相反地，外向者鮮少把通電話視為干擾，反而會把它當成互動的機會，是適當的外來刺激。

■有人打電話進來容易對內向者造成壓力，他們會覺得受到這種狀況所擺佈；打電話給別人，他們也因而有所遲疑

若是換成自己打電話給別人，內向者也會有所遲疑。這主要有兩個原因：第一、內向者比外向者容易擔心對方不方便接聽電話，或是認為自己的來電可能造成對方的負擔，無論對方是客戶、主管或同事。這或許是他們自己對於來電的感受所造成。如果內向者把電話視為干擾，便很容易以為，自己打電話給別人時，同樣也會干擾到對方。第二、即便電話是自己打過去的，在交談過程中隨時都有可能出現意外的狀況。例如萬一老闆話鋒一轉突然問起別的事，或是客戶臨時對什麼事情提出抱怨，這該如何是好？如果同事還繼續東拉西扯，一直無法結束通

話，又該怎麼辦？然而，最讓內向者感到困擾的，其實是打電話給陌生人。這是一種全然不可預測的情況！會在電話客服中心工作的內向者恐怕不太多。

這時，良好的職場溝通取決於兩個問題：在何種情況下應選擇打電話而不要用電子郵件？如何減少通電話時對內向者造成的壓力？

打電話：運用的時機與壓力的減輕

遇有以下情況請利用電話進行溝通：

—當你可以簡短、直接、迅速地說明時。如此一來，你可省去費功夫寫電子郵件的時間。

—當事涉「敏感」不宜以書面散佈（或者書面溝通易遭誤解）時。你的語調會傳遞出額外的資訊，如果你無法親自與對方會面，在這種情況下電話是最謹慎的溝通形式。

—當你必須交涉某些事情時。例如當你企圖在某個售價上求取合意，由於事涉「敏感」，此時電話交談會比用電子郵件來得謹慎，也可以省去在達成合意前繁複的電子郵件往來。

不妨利用以下方式排除電話溝通的困擾：

當你打電話給別人時：

在通話前先做筆記。先寫下能輔助交談的一些重點，如開放式的問題、想要討論的事項、相關資訊的摘要，總之就是有關交談內容的事。這麼做的好處是，善用書寫（長處九）便可以掌握軸線。倘若該次通話特別重要或令人不安，你甚至可以事先寫好引言與結論。

當你聯繫不上對方而必須在電話答錄機或語音信箱留言時，上述的小筆記也能派得上用場。儘管無法更改或刪除留言，但也不用擔心，若能在留言之前寫下一些關鍵字，你將明顯不會感到「對著機器講話」很吃力或沒有把握，相反地，那樣會讓考慮時間變短，廢話也變少。

好的留言要提綱挈領。在對著答錄機留言時，要簡單、清楚地說出以下資訊：

—你的姓名

—來電的緣由

—你的電話號碼

—你的其他要求：對方應該做些什麼？

—最後表達友好的問候：例如「先感謝你的回覆，祝福你，某某某。」

打電話時，如果你擔心會打擾到對方，不妨在一開始問候過對方之後直接問：「我可能需要五分鐘的時間，不曉得你現在方便說話嗎？」當你打的是對方的手機時，這個問題格外重要，因為你並不知道對方目前人在何處。當你聽出來對方似乎不是很方便接聽，可另外約一個合適的時間，這樣你在通話時也能較為坦然、較無心理障礙。

當別人打電話給你時：

不妨先問一下自己：我現在能夠且願意講電話嗎？在面臨這樣的決定時，若能確認來電號碼，有時就幫你一個忙。

如果答案是能夠且願意，便簡短地進行交談（除非你想與對方深談）。不妨先設定一個時間，例如「五分鐘說得完嗎？我十點過後還有事。」這樣便可以給電話另一端的「長舌婦（男）」一點提示。即便你沒有開門見山地預先設定時間，同樣還是能以時間為由結束談話。例如「我想，最重要的部分我們都談到了。很感謝！不過現在還有個會議（或約會）在等著我。」一般說來，「與自己的約會」也是約會，所以你不用太過意不去。

如果答案是否定的，就讓語音信箱或答錄機代你接電話。只要時間或行程合適，不妨回電。如果事情的性質用電子郵件回覆較妥，也可以回信。

這聽起來似乎是理所當然的做法，可是我經常會遇到一些不愛講電話的人，在放任電話響個不停時總覺得良心不安。請你想想：電話是為你而存在，不是你為它而存在！

對內向者而言較為舒適

電子郵件

基於以下幾項原因，內向者喜愛電子郵件這種溝通工具更勝於電話：第一、它是種書寫工具，與內向者的長處九相符；第二、相較於電話，它允許使用者有更充裕的時間去思考與措詞；第三、它可以讓每個人在獨立作業的情況下，將訊息同時傳遞給無數的對話者，形成一種群體溝通，這格外有利於重視獨立作業的內向者；第四、特別是當能量水位處於低檔時，電子郵件會比任何口語溝通來得更為舒適，因為此時互動與獨處可以相互結合！

雖然電子郵件是書寫式的，但也具有口語溝通的特性

電子郵件是快捷的媒體

然而，電子郵件有一項特性經常為內向者所忽略，那就是儘管它屬於書寫工具卻極為「快捷」。換言之，有些外向者不會花時間字斟句酌，也不會將自己所寫的內容重新瀏覽一遍，而是會非常迅速地寫完並按下「送出」鍵。在這種情況下，外向者在電子郵件裡的措詞多半不似寫信那樣正式，反倒與口語溝通的風格雷同。結果會出現一種情況，由於內向者往往先入為主地認為，別人和自己一樣都會措詞嚴謹。如此一來，他們便容易高估電子郵件裡的字句原有的意涵。因此，一篇文字粗俗的急就章很容易令人感到威脅，而太短的回答則看起來像是在敷衍。

「快捷」也意味著，寄件者會期待如口語互動般迅速的回應。倘若對方的回應花費太長的時間，便會相應地造成失望與不安，例如寄件者可能會懷疑自己寄出的信件對方到底收到了沒？

欠缺非言語訊息

然而，有一項口語溝通的基本特性是電子郵件所不具備的，它並不傳遞非言語的信息。在通電話時我們可以從聲調上聽出許多東西，例如事情究竟有多急迫，或是對方有多認真看待自己的談話內容。當一個人就在我們面前時，還可以見到他的表情、動作、儀態，並能將這些內容之外的訊息納入我們的認知裡。可

是電子郵件無法做到這一點。在電子郵件裡只有一種資訊類型，那就是文字。即使添加了表情符號也無法有多大的改變。這也顯示出撰寫者認為完全缺乏肢體語言是種缺失，因此添加了幾張笑臉。但是人們畢竟鮮少在文字內領會感情，而是在文字之外聆聽與觀察。

純粹的文字只能提供我們內容，而非感情的陳述。特別愛胡思亂想的內向者會嘗試解讀文字的「弦外之音」，例如回信是不是短於自己先前所寄的郵件？這是否代表著彼此的親疏？別人稱我們為「尊敬的某某某」，我們卻以「哈囉某某某」回覆，別人會作何感想？這可能給人不尊重的印象。在資訊很少的情況下，問候的方式就足以拿來為彼此的關係大作文章。這很容易造成誤解與錯估，因為完全無法參照寄件人的行為舉止（以肢體語言的形式）時，收件人常會先入為主地解讀信件的內容。

總之，請不要過度詮釋電子郵件的文字！許多使用者都把電子郵件當作口語表達使用，不僅在措詞上迅速且馬虎，更不會費心去注意格式。

儘管使用電子郵件有其風險，許多內向者仍認為它是比電話更好、更舒適的選擇。因此，倘若交談的對象與訊息的性質適合，你不妨採取電子郵件的溝通方式。不過有一點你必須知道，就算電子郵件再怎麼舒適、便利，也不能且不應取代與上司、部屬及同事直接互動。因此，請隨時提醒自己，不能以這種電子溝通工具當成逃避的手段，而躲開與你工作環境裡的人進行面對面或電話的接觸。

以下說明是前述使用電話祕訣的對照。它能幫你透過電子郵件實現成功的溝通。

成功利用電子郵件的策略

電子郵件的最佳運用

遇有以下情況請利用電子郵件溝通：

—當你有什麼事需要白紙黑字具體寫下來時，例如達成合意的金額、計劃裡所確定的時限與工作分配。如果你想要確定某個經商討過的合意，不妨利用電話交談做個補充，例如和對方進行交涉。

—當你的能量水位處於低檔，而要溝通的主題不論採用電話或電子郵件都同樣合適時。

—當你在為一場會面預做準備，而你希望確保你的溝通對象能完全進入狀況。附帶說明：一封電子郵件不僅可以同時發送給許多聯絡人，還能輕鬆地將諸如日程表之類較小型的文件一併寄發，不過這類附件的內容最好直接載於電子郵件的內文中。

—當對方是陌生人，而你又不曉得對方會如何進行口語溝通。採取這種方式不僅可以讓省去不少心力，更能讓你感到安心（因為有思考的時間！）。

請你善用電子郵件的好處，可是千萬別讓它變成與人直接互動的替代品。

最後還有一個重要的建議：請不要總是讓別人來聯繫你。請你為打電話以及收發電子郵件設定好每日固定的時間，至於該如何調配則視實際工作而定。你將會驚訝地發現，這項簡單的時間管理策略能讓你的日常生活減輕許多壓力！

出差

雖然我熱愛我的工作，可是對我來說，必須出遠門去客戶那裡始終是種「必要之惡」，我必須付出這樣的代價才能做自己想做的事，因為對於內向者而言旅行其實是件苦差事。

相較於外向者，內向者更容易因為出差而明顯地耗損能量。除了缺乏可資休養的抽離機會，許多外來的刺激與出乎意料的事件更雪上加霜地讓人精疲力竭。這當中並沒有什麼大災難，舉凡因火車誤點而錯失轉車班次、早餐室或等候間坐滿了人、擁擠的人群、播個不停的背景音樂等，都足以將內向者搞到精疲力竭。即便下榻在極為優質的飯店，夜間的開門聲與走廊上的談話聲都是個人夢魘。若是我在火車上不幸遇到戴著耳機音樂開得超大聲的人，我便會本能地拿出耳塞……。

然而，這樣其實無濟於事。旅行如今已成為許多內向者職業生活裡的一部分。以下建議將讓你的這個生活區塊變得輕鬆、寫意。為了一己之私，我搜羅這些祕訣已經有許多年了。

讓旅行變舒適的小祕訣

內向者的旅行祕訣

1. 尋找抽離空間

針對抽離空間這一點，我將所有能讓人放鬆，尤其是恢復能量的方法整理如下：

—在參與會議或研討會時，請規劃短暫的回房休息時間。你不妨逕自躲掉一場演講或某個社交活動。你也可以選擇迅速地用餐或放棄飯後甜點。有些高手甚至還能抽空去補個眠！

—倘若你的手頭寬裕，搭乘火車可以選擇頭等艙，飛機則選擇商務艙。光是較為寬敞的座位便會有很大的不同。此外，這些地方的噪音多半較低。

—盥洗室：建議容易緊張的內向者，不妨利用盥洗室當作在陌生環境裡的抽離空間。廁所的小隔間是受保護的空間，適合在沒有群眾的情況下做深呼吸（不過前提是要乾淨且空氣清新……）。

—使用耳塞也不失為一種抽離的方法，這是一種針對聲音方面的抽離手段。請隨身攜帶至少一組耳塞。我也認識一些內向者會購置高科技耳機（品質很好，可以抑制外來的噪音），他們十分依賴這些東西，不僅可以獲得寧靜，戴上它們之後更幾乎不會有人來攀談。

2.將旅行期間定義為接觸時間與獨處時間的組合

出差當然也包含拓展人際關係的目的。不過請你在計劃行程時便安排好，某些吃飯或休息的時間不與他人接觸。這對於恢復能量是很重要的！我在參與研習之旅的過程中，最多只和參與者吃一頓飯，每隔一個晚上才會與委託人、商務聯絡人或朋友見面。此處應奉行的原則是（第六章與人脈有關的說明裡將再次強調）：重質不重量。

有時你必須以婉拒來維護你的獨處時間，這包括同事、研討會參與者或其他聯絡人邀請你一起吃飯或參與活動。你的婉拒務必要友善而直接。請不要過多解釋。你不妨試著說：「不行，今天沒辦法，不過我們明天還會再見，祝你們玩得愉快，先跟大家說聲晚安！」

3. 調節旅行對話

外向者常會覺得和鄰座的人一路閒聊是件很愉快的事。可是當你處於疲憊狀態，此舉很快就會讓你焦躁不安，不僅如此，你也容易感到自己正無助地受到這種窘境所擺佈。有一種很簡單的方法可以解決困擾。不妨預先準備一些句子，萬一對方的話多到令你不堪負荷，你可以用這些句子友善地表示你的抽離意願。以下是一些範例：

——「與你交談很愉快，謝謝！」（接著將目光移回電腦或報紙上！）

—「我得繼續來工作一下。」（接著立刻換座位！）

—「好了，在降落之前我想我得再閉目養神一下！」

—「感謝你的建議，現在可否透露這本書的結論是什麼？」

—「我們還是互相交換一下名片，日後我可能要為了這項資訊叨擾你！」

有時你會在旅途中遇到有趣的對話者，他們或許能成為你人脈的一部分。特別是在相談甚歡的情況時，你更應該與對方交換名片，以便日後與對方保持聯繫。

本章重點整理

- 在**團隊**裡內向者也能表現得與外向者一樣好，只不過他們的方法與重點有所不同。由此所增添的多樣性，有助於團體取得更豐碩的成果。
- 內向者的特殊需求，諸如不受干擾地工作、中間能有休息時間、適度的溝通等，可以透過對症下藥的策略順利與職責相互調和。
- 內向者具備擔任領導階層的潛能。他們成功的祕訣大致可以整理成**四項管**

理策略：建立自信、認真關注你所面對的人、培養綜觀事物並掌握全貌的能力、訓練對話與面對衝突方面的能力。

- **提高成就的能見度**是發展事業的要務之一。透過有意識地進行溝通，每位內向者都能做到這一點。有五項原則可以幫助你提高能見度：以上司及自己為導向、與同事及上司建立私交、表明你的興趣所在、勇於任事、下放權責。
- 在**溝通媒介**方面，許多內向者喜歡用電子郵件互動更勝於通電話。而某些情況下仍必須採取電話溝通的方式，借助一些小祕訣可以減少使用電話所帶來的壓力。至於透過電子郵件的人際互動，因與溝通對象保持一定距離而較為自在，某些情況下也較適合採取這種方式。然而，電子郵件不應成為避免與人直接接觸的工具。
- **出差**或許會讓人耗損許多能量，不過借助幾個簡單的方法可讓它變得舒適：尋找抽離空間、規劃在社交場合前後的獨處時間、主導旅途中所發生的對話。

第三部分

如何展現你的存在，並讓別人聽你的？

第六章

大膽嘗試：建立與維護聯繫

人是社會的動物，我們總是不斷地在與他人接觸，不只是因為有什麼事情要商量或解決，更因為我們就是喜歡與他人互動。不論在任何情況下，原則上都是如此。

安妮（四十歲）的工作有賴於一些非正式的互動。她算是靈活的內向者，也就是你在第一章所讀到善於社交的內向者，喜歡與人相處。身為一家大型中小企業所屬媒體暨公關部門的主管，她很享受與各式各樣的談話對象進行交流，例如與記者或是全公司各部門的同事。

安妮的工作時間很長，中間經常會出現許多變化或是被打斷的情況，像是有人突然來訪或是電話整天響個不停。因此，到了晚上可以翹著腳讀本好書，讓自己平靜下來，讓她覺得這簡直是人間一大享受！不過如此簡單的需求卻也不是她天天都辦得到的。由於工作性質的緣故，下班後去參加各式各樣的活動與社交可說是家常便飯。基本上安妮自己也很清楚，在非正式的層面上建立與維護人際關係有多重要。然而，在那些社交夜晚結束後，安妮往往會發現，雖然話說很多，可是達成的卻很少。在某場於瑞士舉行的大型會議裡，當滿滿一天的演講結束之後，她在晚間接著又和幾位陌生的與會者聊了一會兒，這讓她第一次感到特別疲憊。待了一個半小時之後，她便拖著精疲力竭的身軀回到飯店房間。

在閒聊中維護關係

安妮在大部分的社交場合中都沒什麼斬獲，而且她還發現那些天南地北的閒聊容易令她身心俱疲。儘管她知道，正是透過非職責所在的事，與同事或商業合作夥伴（甚至有趣的陌生人）的互動才能化為比日常工作輕鬆的接觸。關係的維護是閒聊的重心，即便所聊的只是美食或新辦公室之類的話題。私生活與職場的人脈並非在正式的活動中建立。真正的人際關係是建立於與臨座的交談、中場休息時喝的咖啡，或是當演講廳人去樓空時一起去酒吧喝的啤酒。

非正式的資訊交流

麻煩的是，在會議結束後，當外向者在那裡開香檳慶祝、相約明天一起吃早餐，或是在走廊上閒聊時，內向者卻喜歡利用這段「非正式的」時間遠離喧囂或獨自去慢跑。儘管本書一再強調短暫休息的重要性，不過也應視情況適可而止，否則勢必帶來許多工作上的苦果！因為舉凡意見的磋商、決策的準備、聯盟的建立等，往往都在前述所有非正式的場合中完成。離開了會議室與辦公桌更能突顯出你能多融入團隊。最後且並非最不重要的一點就是，你在這些場合裡還能得到一些透過正式管道要等很久或甚至根本得不到的資訊。

建立關係是基本的職業技能

用自己的方式建立人脈

優游於社交場合、擅長閒聊與建立人脈等能力，對內向者與外向者都是同樣重要。然而，當中還是存在著一個根本上的差異：這一切活動與刺激是外向者所喜好的，相反地，內向者常會覺得它們令人勞心傷神，正如前面所看到的，在這種情況下內向者對於非正式的溝通興趣缺缺。人脈必須要拓展、維護，有時甚至還得修補，才能發揮功用。這不但需要決心、時間、精力，或許還要付出不少金錢。即便如此，就算是內向者也能對此做出成功的投資並且樂在其中。不過前提是，他們要以自己的方式來經營！

隨處都可以建立人脈

內向者看重持久且深具意義的人際關係，重質不重量

更具體地說，內向者的人脈其實具有不一樣的目標與特質。像安妮這樣的內向者很少會為了追求刺激而外出，他們在會議期間可以怡然自得地獨自吃午餐，甚至很享受中場休息的獨處時光。他們並不需要龐大的交友圈，少數良好的人際關係便已足夠。他們看重的是關係的品質，換言之，良好的關係應當是持久並且對他們個人深具意義。

若要建立能讓內向者感到舒適自在的人脈，絕不能忽略這些偏好，它們有別於外向者所偏好的拓展人際關係的方式。本章要探討的，正是內向者建立人脈的特殊方式。

維護聯繫：建立人脈

人脈便是聯繫的龐大總體。我們生活在各種關係的網絡中，無論是個人的還是職場的。我們認識別人，別人也認識我們。我們會在家庭、朋友圈、運動社團、固定餐會、職業公會、扶輪社、歡迎酒會、會議中彼此碰面。當你並非獨自單一的，人脈才有可能展開，例如在一場家庭慶祝會上、派對中、在你女兒的游

資訊轉運站

泳比賽場上，或是結帳櫃台前的隊伍中。簡言之，所有的人脈活動都涉及有意識地人脈建立與維護聯繫。

人脈並非結黨營私（儘管有些組織外人很難或根本無法進入）。基本上它是巨型的資訊轉運站。今天我們生活在一個提供了許多選擇，同時也要求我們做出許多決定的世界。因此，當他人能幫助我們輕鬆做出決定，例如當我們為了找位好醫生、稅務顧問、平面設計師或保母而發愁時，我們會樂意洗耳恭聽他人的資訊。這一點也適用於負責人事的主管身上。根據人脈專家莫妮卡・薛丁（Monika Scheddin）的統計，百分之八十五的管理職都是透過關係任命的，即有人推薦或是熟人！

這裡所涉及的是，如何遇見你自願與他們建立或維持聯繫的人。有時這些人早已組織起來並出於某種志趣而相互結合，例如某個同好會或運動社團。然而，人脈通常並沒有正式的規制，例如鄰居關係或是每年舉辦一次的大學同學會。外向者與內向者多少都能從人脈的緊密聯繫中受益。它們能為我們指引方向（例如取得資訊、發展事業、獲得資助或進修的機會、與同事相互比較、有能力的同好給予建議與反饋等）或提供平台（例如展開合作與業務方面的接觸、提高自身成就的能見度等）。

人脈也可以幫助我們減輕負擔。例如當自己無法勝任某項企劃案時，可以委託給有能力的人處理，又例如與熟人共同組成互助的托嬰組織。此外，許多與人脈有關的運動或休閒活動還能提升生活品質，即便是帶有工作的目的，例如從打高爾夫球到登山活動、從結伴旅行到輕鬆的爐邊談話，或是共同的烹飪活動。這些成功的人脈活動都有一個共同點：它們讓所有主動參與者互蒙其利！

■關鍵問題是：內向者該如何建立適合你並可發揮長處的人脈？

關於建立人脈已有非常多明智的建議。在此要提出一個問題：身為內向者的你該如何建立符合自身需求並可發揮長處的人脈？我將限縮範圍於回答這個問題的幾項策略上。你也可以藉此發展自己的計劃，不妨根據以下策略找出一些問題，它們將引導你打造出專屬的人脈活動。

策略一：設定具體目標

你的分析能力（長處六）、追根究柢的精神（長處二：實在）以及專注的能力（長處三）都有利於設定以目標為導向的計劃。

請回答以下兩個問題：

1. 你的人脈活動所要追求的目標為何？

個人方面的目標		職場方面的目標	
愛好（包括運動）	□	與同事互動	□
減輕負擔（例如托嬰）	□	資訊交流	□
個人成長	□	協助、進修	□
共同體驗	□	與他人相較	□
新動力	□	新的事業展望	□
＿＿＿＿	□	＿＿＿＿	□

2.根據上面的答案你對哪些人脈感興趣？

請盡可能詳細作答！

個人方面的人脈（例如社團、活動、朋友）

______ ☐

______ ☐

______ ☐

職場方面的人脈（例如協會、俱樂部、同事圈）

______ ☐

______ ☐

______ ☐

現在請你做出一份順序清單：依據重要性在上面每個答案旁的小空格裡填上號碼，例如在個人與職場方面最重要的人脈標記1，次重要的標記2，以此類推。

當你填好答案之後，你就能看清楚，心力與資源值得投入到什麼地方。

策略二：定義你的資源

身為內向者的你很清楚，能用在建立人脈的資源是有限的。更重要的是，透過策略二你將學會，如何選擇將多少時間、精力與金錢投入到什麼地方。

請回答以下兩個問題：

3. 下列哪些資源是你能夠且願意投入到你的人脈活動上？

個人方面的人脈

時間：＿＿＿＿＿＿＿＿

（每日／週／月？）

時間的投入包括參與活動、管理聯繫、溝通、履行職務（或擔任志工）等。

金錢：＿＿＿＿＿＿＿＿

（每日／週／月？）

金錢的投入包括會費、交通費、膳食費、住宿費、報名費等。

職場方面的人脈

時間：＿＿＿＿＿＿＿＿

（每日／週／月？）

金錢：＿＿＿＿＿＿＿＿

（每日／週／月？）

4. 現在請更詳細地分配：你願意在各種人脈上投入多少比例的時間與金錢？

在「投入」欄裡填上這兩者將確實用在什麼地方。

同時考慮你於前述策略一（問題2）中排定的優先順序：該項人脈越重

要，投入的資源就應越多。

個人方面的人脈

人脈：＿＿＿＿＿＿ 投入：＿＿＿＿＿＿
時間：＿＿＿＿＿＿ 金錢：＿＿＿＿＿＿

人脈：＿＿＿＿＿＿ 投入：＿＿＿＿＿＿
時間：＿＿＿＿＿＿ 金錢：＿＿＿＿＿＿

人脈：＿＿＿＿＿＿ 投入：＿＿＿＿＿＿
時間：＿＿＿＿＿＿ 金錢：＿＿＿＿＿＿

職場方面的人脈

人脈：＿＿＿＿＿＿ 投入：＿＿＿＿＿＿
時間：＿＿＿＿＿＿ 金錢：＿＿＿＿＿＿

人脈：＿＿＿＿＿＿ 投入：＿＿＿＿＿＿
時間：＿＿＿＿＿＿ 金錢：＿＿＿＿＿＿

人脈：＿＿＿＿＿＿ 投入：＿＿＿＿＿＿
時間：＿＿＿＿＿＿ 金錢：＿＿＿＿＿＿

在前述兩項人脈活動的策略中，分析、實在與專注的長處能幫助你輕鬆確定資源，並決定投入的優先順序。可是在你落實計劃時，也許會發生優先性更迭或資源分配與計劃有出入的情況。這都是正常的。最要緊的是，你該擁有一個對你有意義的總體規劃，它能幫助你在人際關係管理方面具體推動各項步驟。

讓我們再來看看另外兩項策略，它們能幫助內向者以自己最喜歡的方式與他人進行互動。

讓他人受益

透過介紹而相識

策略三：介紹你的朋友們互相認識

讓我們再次強調：大部分的內向者喜歡與一或兩人對話勝過在團體裡交談。雖然謹慎（長處一）是他們的長處，但轉成負面便會化為恐懼（障礙一），而讓內向者將與陌生人接觸視為畏途。由於內向者有這種傾向，策略三提供了簡單有效的對應良方：為你朋友圈中的某些人牽線，當你認為他們有對話必要或是可以互相幫忙時。

當與你有聯繫的人發表或達成什麼有意思的事，不管是一本書、一段訪談或是獲獎，請你透過社交媒介或在交談中將這些事提出來與人交流。如此能讓你的朋友們對彼此更熟悉。藉由積極地介紹他人認識並幫忙引介，你也能獲得正面的形象。由於你讓他人獲益，他人也會認為你樂於助人並能提升他人能見度。這是一種既高段、又聰明的人脈構築法！

在此請你先計劃六段介紹。

請回答以下的問題：

5. 你可以讓哪些人彼此建立聯繫？

個人方面的人脈

誰：

與誰：

理由：

誰：

與誰：

理由：

誰：

與誰：

理由：

誰：

與誰：

理由：

職場方面的人脈

誰：

與誰：

理由：

誰：

與誰：

理由：

誰：

與誰：

理由：

誰：

與誰：

理由：

誰：

與誰：

理由：

誰：

與誰：

理由：

誰：

與誰：

理由：

誰：

與誰：

理由：

策略四：請朋友幫你引介某人

這是前述策略三的顛倒，但根據的是同樣的原則。這項策略也十分容易：懇請你認識的人幫你引介你想認識的人。這項策略用於位高權重的人身上往往可以收到很好的成效，因為這些人的人面很廣，而一位共同的熟人便可在此處發揮神奇的作用。而你自己不妨借助事先擬妥的一段好開場白來促成彼此的認識。相關建議請參閱下一節「在與人互動方面內向者的需求」的說明。

持續保持積極的態度

請回答以下的問題：

6.你想要認識哪些人，而你又能請誰幫你引介？

個人方面的人脈

誰：

介紹人：

理由：

誰：

介紹人：

理由：

誰：

介紹人：

理由：

職場方面的人脈

誰：

介紹人：

理由：

誰：

介紹人：

理由：

誰：

介紹人：

理由：

策略五：持之以恆

好的人脈建構特別需要「持之以恆」。它有兩方面的意義。

首先，你必須長時間積極深耕人脈。唯有辛苦耕耘才能帶來豐碩成果，你也才會感受到真正的好處。某些不是透過數位化工具的聯繫，而是藉由親自會面建立起來的人脈，動輒需要一兩年的時間（視會面的頻繁程度而定），才能成為固定會員，並與他人建立穩定的互動，而且前提還是你的確很積極。掛名成員是產生不了什麼實質的互動。因此，請保持耐心！你的穩定（長處八）在這方面會對你有助益。

其次，持之以恆意味著有耐心地建立並且維護聯繫人脈。這包括在各種關係網絡中與你感興趣的人繼續互動。為此你必須做的是，在活動之後簡單地做個記錄：你與誰見面？你覺得哪些事有意思？你希望記住與對話者有關的哪些資訊？

許多善於建立人脈的人會利用電腦來收集相關資訊，像是「XING專業人脈網」與「鄰客音」（LinkedIn）等網站，便是相關的數位網路平台，不過只有在那裡登錄並提供聯絡資料的成員才會被列出。除此之外，你還可以使用各種聯絡管理程式與App，而電子郵件也會提供聯絡管理的功能。總之，不妨直接試用，看看哪種工具對你比較合用。

你會發現，有效的人脈管理其實並不需要耗費你多少心力。有系統、擅長分析以及穩定，都是你在落實策略五時的重要本錢。請持之以恆！而問題七也將輔

助你規劃屬於你自己的人脈。

請回答以下的問題：

7. a. 至今為止你是如何記錄你想建立與維護的聯繫？

b. 為了更妥善維護你的聯繫你需要什麼？

c. 如何獲得必要的支援？

d. 何時你才能完成應有的改變？

現在你也有了屬於自己的第一份人脈計劃。藉此你可以立刻具體並「低調地」建構自己的人脈。請你盡快著手落實！

在與人互動方面內向者的長處

內向者的互動策略

內向者具備了許多能讓與人相處變得輕鬆自在的長處。它們就像是一種社交的資本，也是很好的出發點，可以說明最適合內向者的互動策略。由於我們在自己所擅長的領域裡大多能有優異的表現，所以不妨先來看看，在與他人的互動中哪些事情內向者多半能做得特別好。

長處四：傾聽

洗耳恭聽有很大的助益

傾聽是內向者在與人交談中格外擅長的特質。比起外向者，內向者較不依賴對話者的反應與肯定。內向者喜歡收集印象與資訊，而最好的工具莫過於洗耳恭聽。對於對話者而言，能被傾聽是件美好的事，因為得到對方的關注，自己便有充裕的空間沒有壓力地表達意見，而自己所說的也會被對方所感知。由於外向者喜歡在交談的過程中才去整理自己的思緒（相反地，內向者喜歡表達經過思考與整理的想法！），正如同關注可以幫助內向的對話者（總算可以）在沒有壓力的狀態下表達意見，它同樣也有益於外向者。

> 真正的傾聽展現了存在

傾聽有許多不同的層次。最佳情況是能夠同時以兩種方式進行：首先，傾聽者不要有任何先入為主的想法，應該好奇於他人究竟說了什麼。也就是說，傾聽者不應囿於成見或俗套，也不會冒出無聊的感覺。其次，傾聽者的耳朵要保持開放的包容力。在對方說話時，傾聽者不會忙著構思自己接下來想說的話。在傾聽之餘最好能借助有意識且適當的眼神接觸來傳達關注，不過要知道，這種關注是無法長時間偽裝的。真正的傾聽可以讓你展現你個人的存在感，其強度甚至遠遠超越了運用肢體語言！請你為自己擁有這項長處感到高興，因為這是許多外向者煞費苦心才能得到的。

在本章開頭提到的那位安妮，她先前一直不太清楚自己擁有的這項長處。如今她已能駕輕就熟地將所聽聞的內容融入自己的表達中，例如她會興致勃勃地追問某些重點，或是積極地探索某些內容。安妮發覺，運用這種方法不僅讓她的談話內容變得更充實，就連與他人的互動也是如此！

> 建立互動的小祕訣

以下是幾個例句，能幫助你將所聽聞的內容運用於建立互動上。

從傾聽到真正的交流：適合主動傾聽者的句型設計

「你剛剛提到（你曾與這家公司在科隆舉辦過一場會議），怎麼樣（你覺得滿意嗎）？」

「在你（令人信服地舉出波昂的優點）之後，我得重新考慮一下（我們打算在科隆舉行的會議）。」

「我的頭腦還一直想著你所說的話：（這件事真的重要到必須在一年之前就開始計劃嗎）？」

長處五：平靜

減速的溝通

有句古老的諺語告訴我們：力量就蘊藏在沉著冷靜裡。這個道理也適用於閒聊。身處在騷亂、喧囂的環境裡或是面對神色緊張的人，內向者往往容易感到不舒服或不自在，然而他們也能夠將平靜帶進互動中，創造出舒適輕鬆的氛圍。平靜的內向者可以藉由減速的溝通賦予傾聽、思考與談話所需要的空間。

正面看待平靜

不過前提是，身為內向者的你必須將平靜視為一種長處。如果你打從心底認

平靜是一種地位信號

目的明確的言行舉止

為，談話時的敏捷迅速、形塑議題的活力，或是許多的肢體動作是值得追求的（這些都是典型外向者的行為模式），那麼你將很難正面地賞識自己的平靜風格。

為了讓你相信即使是在閒聊，平靜也是有利的，這裡要提出幾個證明。

平靜可以表現自信與雍容

當你慢條斯理地說話或動作，你便展現出了你給自己空間、為自己留餘地、讓自己從容不迫。地位信號的專家均認為：能保持平靜的人，便會散發出自信與雍容，從而在整體上表現出一種尊貴的姿態。在參考書目裡你可以找到由湯姆‧施密特（Tom Schmitt）與米歐爾‧艾瑟（Michael Esser）合著的一本討論地位的好書，此外，瑪麗安‧克娜斯（Marion Knaths）有趣的著作特別從女性觀點來探討地位問題。

然而，這種強大效果的前提是，在與他人的互動中你所做或所說的一切必須目的明確並且輪廓分明。在真正內心平靜的狀態下這是一種自然而然的行為方式，它意味著：你的一舉一動，無論是眼神、手部或腳部，都有開始與結束，且顯然是有動機的。此外，你會陳述完整的句子，給人一種你對自己所說的事知之甚詳的印象。

平靜能使對話者放鬆

外向的對話者容易把注意力放在自己身上。不過大部分的情況，他們並非多數。（如果你想要體驗一下外向者的多數優勢，只要打開電視即可，或是去觀摩前言所提到的演說家協會的年會。）在一般的社交場合裡，大約會有百分之三十到五十的參與者是偏於內向者。與平靜的人談話會讓他們感到輕鬆，因為這樣的交談不但沒有壓迫感，當自己需要思考或在尋找適當的措詞時，對方甚至會耐心等候。這與你的情況不像嗎？暫停或許是西方文化中最被低估的一種對話工具。

暫停的價值遭到低估

閒聊對許多人來說是件苦差事。他們在與陌生人進行社交時容易感到不舒服。因此，當遇到一位像你這樣說話和緩，甚至還容許暫停交談的談話對象，其他的內向者以及許多的外向者都知道要珍惜。內向者典型從容、柔和的談話風格可以在互動中帶來平靜，讓人感到輕鬆，並且減輕眾人因各種狀況產生的壓力。

減輕狀況的壓力

就連外向者也能受益於平靜的談話對象，他們可以獲得一個表現自己、與人對話、暢所欲言的平台。與外向者相處時應謹記，必須明顯表現出傾聽的態度，例如藉由眼睛或嘴部的小動作、點頭、簡短的搭腔（就像在通電話那樣）、目標

氣力是珍貴的

集中能量

明確的反問等。也別忘了認真地接觸對方的眼神。

平靜能保持能量

這第三項「平靜紅利」有益於你自己。當內向者因為在社交場合中與他人互動而大傷元氣，此時若能精打細算地減少珍貴的氣力流失，那可是再好不過。

借助內心的平靜你完全能夠達到這個目的。你可以降低與他人互動的速度與壓力。比起漫無目標、慌亂、受迫地反應，這絕對會讓你明顯撐得更久。此外，你還能將精力透過長處三（專注）集中起來，讓心平氣和的你把心神聚焦在你認為有意思或有意義的人事物上。

概述

在社交場合中你可以如此利用內心的平靜

在社交場合中請確保自己確實平靜，因為我們往往會流露出真實感受，而不是表現出我們最想表現的一面。

肢體方面的策略：

—在準備或是社交活動的過程中，不妨深沉且緩慢地呼吸。當你說了什麼重要的事，可以給自己或對話者一個暫停，趁此深呼吸。

—善用平靜的呼吸節奏來安撫自己的聲音。可明顯表現在兩方面：第一、在適當（不會太快，但充滿活力）的談話速度上；第二、在你個人發聲範圍的低音區。「低沉的」說話聲會給人輕鬆與自信的感覺。

—將身體挺直至背脊有適度的緊繃感。

—自覺地放鬆肩膀、手肘與膝蓋。

—透過內心的平靜進行自在的眼神接觸：請你友好且平靜地注視對方。你可以不把目光固定在對方臉上，而是在眉毛與鼻尖之間來回移動，這樣做不僅能讓你，同時更能讓對方感到放鬆。

心理策略一：你是有選擇的！

請牢記，你是自主地做出選擇：你自己決定要參加這場社交活動，你自己決定要與誰交談多久，你可以自己決定何時離開。沒有人會去計算整個晚上你與多少人互動或是做了些什麼。

帶著這樣的想法，你便是自主的行動者，不會再哀怨自己是半推半就。

心態上的調整可以讓你在準備階段如釋重負，因為你是自己的主人，決定權就掌握在你手中。你也傳遞給他人一種訊息：你完全知道自己在做什麼！這能為你的人際關係與自我價值感帶來正面的影響。

心理策略二：是你（唯有你！）決定了自己的目標！

參與社交活動之前請先定下具體目標，讓你在活動中有個可以參考遵循的方向。這不但能賦予你的行為某種意義，也讓你的平靜散發出自信與尊貴。

不過前提是，目標必須對你有吸引力，且是你能力範圍所及。因此，不要苛求自己去做些非常辛苦甚至不值得付出心力的事！

以安妮為例，她為工作中典型的社交活動訂出以下目標：

—與三位給人好印象的陌生人交談。

—找到一位對於自己正在進行的工作十分嫻熟的專家，並向他徵詢兩個目前面臨到的問題。

—至少堅持兩個小時，並且在活動過程中隨心所欲地觀察其他參與者。

—當交談讓自己感到疲憊，便友好地結束每段交談。

有目標地利用對話

如你所見，平靜之中的確蘊藏了許多力量！身為內向者的你，從閒聊與社交活動中能享有的好處還不止於此。以下的長處可能是你與許多內向者共有的。

長處六：擅長分析

內向者會花很多心思，將觀察到的事物與自身經驗相互校準。他們自小學著去過濾與權衡所接受到的資訊，從中練就了這項特質。這也為許多內向者帶來一種好的副作用：擅長分析。根據第二章提到的區別，這些內向者是左腦發達的一群。這種能力有助於管理與學術研究，就連閒聊時也派得上用場。當你可以輕鬆地辨識出對話的重點與模式，也就能自在地適時與對方深入對話，並在各種主題領域中有目標地利用資訊。

基本上，在社交場合中所進行的每段非正式對話都有三個階段，它們形成一種結構。如果你明白每個階段的功用，便能發揮擅長分析的能力去完成它們。

閒聊中的分析一：階段與其功用

閒聊是無拘無束的，它並不會有任何義務。開頭的階段會決定你與對話者是否有興趣繼續聊下去。這一方面取決於彼此是否「對味」。如果話不投機也無所

謂，畢竟在社交場合裡還有許多可能的談話對象。此外，能否繼續交談還取決於交談者是否有話可說。接下來將告訴你如何掌握開頭階段的重點，以便得分。

下列問題可幫助你輕鬆地開啟交談。

> 什麼將我們聯繫在這個情況中？——我們兩個都喝著同樣的紅酒。對方覺得這酒如何？
>
> 這裡有什麼有趣的事？——這是我第一次參加告別單身派對，我的同事要結婚。我的對話者是怎麼認識我的同事？
>
> 我想要知道什麼？——這趟前往新加坡的出差很有意思。可是我明天怎麼從會場所在的飯店前往機場最迅速？

當你藉由上述方法試探過某個主題之後，你便可以主動展開對話。這麼做的好處就是，你不必突然被迫回應對方的談話，而是可以掌握話題的主控權。

朋友之間最受歡迎的開場問句便是：「怎樣，最近好嗎？」如果對方向你提出這個問題，請避免落於俗套的回答（如「不錯！」、「很好！」），而改以積極且獨特的回應，在最佳情況下這將為一段真正美好的交流拉開序幕。你的回答可以是：「能在這裡見到你，當然是好得不得了！」或是簡單地說：「某某先生，我們真的是好久不見！」

中段

中段涉及到的是，將對話維持在能讓彼此都感到舒適與豐收的互動中。過程中你不必一直發言，而是傾聽對方（你的另一項長處；參閱下文）或是提出一些有趣的開放式問題，也就是不能以「是」或「否」來回答的問題，而是帶有「如何」、「什麼」這類疑問詞的問題。

開放式問題如：我該如何去……？現在進行到行程表的哪個項目？我在哪裡能找到……？從哪裡……？

精心挑選過的問題可讓互動迅速活絡起來。此外，如果你願意的話，等你從對方陳述的內容中過濾出簡單的模式，你便可以輕鬆地維持互動。

你不妨問問自己，對方陳述的哪些內容能夠用來變換或深入話題？

你可以利用像「說到某某事，就讓我想到……」或「因為你剛剛提到了某某事……」這樣的句子來改變話題。

特別是進行到中段時請你注意，應適度加入個人的意見與印象，因為你並非在進行專訪，而是在與人交談！

收尾

非正式的對話可長可短，重要的是，你可以在不說明理由的情況下隨時中止。這會讓許多內向者鬆一口氣，因為談話的對象或情況讓人太過耗損心力，便可藉此獲得舒緩。

當你想結束一段對話，在閒聊的情況中很簡單，你只要直截了當地說：「感謝你美好的分享，我們以後一定還會再見面！」或是，「希望我們很快能再繼續今天的對話！」閒聊的輕鬆與無拘無束正是有利於你的地方，只要你願意，隨時都可以結束談話，完全不需要任何理由或抱歉。或是「喔，我剛剛看到一位老朋友，我想過去和他打個招呼！」這也完全合情合理，因為大家都曉得，社交場合無非就是用來維持人際關係。

如果你想在日後與眼前的談話對象保持聯絡，不妨在這個階段提議互換名片。我喜歡在之後（例如回到下榻的飯店）利用名片為自己做些筆記。這樣不但能減輕記憶上的負擔，還能幫我準備內向者得分的下一個階段：後續！

後續

許多內向者都很善於書面的溝通（長處九）。因此，在人脈活動結束後的書面後續方面他們擁有關鍵性的優勢。以我自己為例，我會在「XING專業人脈網」

與我的對話者聯繫。此外，有時我也會針對我們的話題告知對方可資參考的期刊文章。我會運用這些方式對於之前的相談甚歡向對方表達謝忱，並且盡可能就互動本身表示一點意見：「我總是很高興回想到我們在新加坡開會期間的互動。前不久我果真在你推薦的酒商那裡買到那瓶紅酒。再次致上由衷的謝意。我依約寫了這封電子郵件給你……」

在接下來的段落裡有一些小祕訣，能幫助你進行適合的後續聯繫。

三個幫助你進行後續聯繫的小祕訣

1. 提筆勝過使用鍵盤。雖然電子郵件廣被接受，然而書信與卡片日益稀少，這麼做可以得到你所期望的效果：別人會感受到你與你的誠意！
2. 寫一些有運用價值的內容。在收到出乎意料但極為有用的資訊時，對方一定會喜出望外，例如是對方需要的一個網址、一篇文章、一個你在哪裡發現某樣東西的提示等。

如果你決定使用電子郵件，避免寄上過大的附件，那樣郵件往往會被丟進垃圾郵件夾。最好只附上網址或是將不會太長的文章直接貼在郵件中。

3. 不要間隔太久。在你們相識後的二到四天內，你的對話者應該還清楚記得你。

閒聊中的分析二：如何找到（對你也）適合的話題

內向者要求實在

你剛剛已經見到了，如何在閒聊的開頭與中段迅速尋找並掌控話題。可是對於安妮這樣的內向者來說，往往還是不夠的，即便是非正式場合，而且建立關係才是主要目的，他們仍會期盼與他人更扎實地交流。他們會想要在社交中獲得思考的機會，例如某個人很有意思或某件事對他們具有特殊意義，又或者出現了可以針對某項話題交換意見的機緣。

從閒聊到深談

然而，真正的困難在於內向者更想要有的交流：深度。當閒聊變成深談，能與對話者討論一些不但自己感興趣，並可以增加互動強度的扎實內容，這會讓許多內向者感到很快樂。此時若能夠保有平靜與思考空間，那是再理想不過，例如在對話期間有短暫休息以及輕鬆的氛圍。在這種情況下，與談得來的對象做心靈交流，甚至可以讓內向者獲得能量，而不是將能量消耗於溝通中，他們會獲得愉悅或深層的滿足感。

在深談這個詞具有積極含義的時代裡，它是一種重要的社交能力。在今天這個簡訊、臉書與推特等媒介盛行的年代裡，許多人都不太能夠去深入理解某個內容豐富的話題，更別說是去開啟這樣的話題。然而，進行稱得上深談的對話是可以學習的。這對於能洞悉事物本質的人（即具備長處二）來說並不太困難。如果你在尋求真正的交流，這麼做能讓你與對話者之間建構出非常正面的關係。

有技巧地選擇話題

最容易進入開頭階段的方法是，選擇一個你與熟識的對話者有共通體驗的主題（參閱前述開頭階段的部分），例如你們上回的碰面、前次的溝通，或者就只是能夠再次見到對方的喜悅。你也可以利用當場的某些因素來與陌生的對話者建立關聯，例如與女主人的交情、與機場之間的路途、宴會的餐點、晚會的節目等。

選擇話題的小祕訣

你不必非得是位哲學家才能將對話帶往更深的境界。先透過分析找出符合條件的各種話題：你確實對它們感興趣。在此提供一個建議清單，你可以自行加以擴充。

有內容的話題

—你（或你們共同）經歷過的情境，而且其中有某人或某事讓你印象深刻。

例如：在某個（會議）開幕日，某位高齡八十七歲的知名演說家風靡全場聽眾。

—不僅你自己感興趣，你猜想對方也可能感興趣的事。

例如：一場資訊科技會議在某棟建築物裡舉行，而該建築物的前身是座巧克力工廠。你不禁好奇這兩者有什麼關聯性。

—你想要更深入了解的事，尤其是當對方對這方面知之甚詳。

例如：在一場聚會中，你詢問某位女性對話者，她們公司是否設有僱用女性的保障比例？而她本人又是如何看待這件事？

—因共同所處的環境中某個外來刺激所引發的疑問。

例如：背景音樂是用什麼樂器演奏出來的？

如果你想一窺真正談話藝術的堂奧，有許多這方面的相關書籍值得參考。

請回答以下的問題：

哪些長處可以幫助你與陌生人進行對話？

- □ 我能輕易地從閒聊轉變深談。（長處二）
- □ 我不僅擅長傾聽，且能在對話中善用所聽聞的內容。（長處四）
- □ 我能輕易地找到內心的平靜。（長處五）
- □ 我蒐集了一張適合開頭話題的清單。（長處六）
- □ 我能很快看到什麼對他人是重要的。（長處十）
- □ 對於對話者我能有適當的回應。（長處十）

我在閒聊方面還有其他的長處：

______

______

在與人互動方面內向者的需求

在讀過上一節之後，你已經跨出了第一步，你了解怎樣的互動對你是好的。

現在你可以重點尋找能夠豐富你人生的人與事。

吵雜的情況往往無可避免

然而，不斷經歷一些不理想的相遇其實也是人生的一部分。例如大聲播放音樂的聚會、公司每年固定舉辦令人局促不安的聖誕派對、歷經一天辛苦工作後的家長之夜。還有包括我在內的許多內向者共同的夢魘：各式各樣的名片派對！它們的宗旨便是盡可能地廣結人脈，不管「結」的意義是什麼。

當碰上這樣的場合時，不妨將你的心力付出控制在健康的範圍內，盡量讓自己感到舒適。為此，認清自己的障礙在哪裡至關重要。就讓我們來仔細檢視一下！

障礙二：瑣碎

閒聊之所以會讓許多內向者感到困難，原因在於它們增強了瑣碎的傾向。偏好見樹不見林的內向者很容易迷失在「混亂的」社交狀況中，並且蒙受過度刺激之害（障礙三）。

建構情況

因此，針對情況找出一個結構便十分重要。運用以下簡單的策略你便可以安心、自信地悠遊於人群之中。

在閒聊中讓內向者綜觀全局的策略

重質不重量

1. 請你重質不重量：內向者會以特別的方式與自己挑選出的人建立深度的聯繫。此處強調的是「挑選」。相較於與許多人接觸，內向者更看重與少數幾人密集而規律的互動，且在這些關係上投入心力。許多內向者覺得兩個人面對面地交談，要比在團體中進行交流來得愉快，外來的刺激也較容易維持在適當的範圍內。這讓他們可以輕鬆製造出話題，並設身處地接受對方的觀點，畢竟談話的對象只有一人而已。倘若你可以在某個人脈活動中先後與三到四個人有個別對話，在舒適的互動中（以深度取代廣度，從閒聊進入深談）往往能得到不錯的成果。這麼做會比外向者典型的「亂槍打鳥」策略建立更多持久的人際關係。

確認空間方向

2. 確認空間方向：在活動開始時尋找幾個「脫逃點」，萬一有需要便可抽身離開。此舉讓你對空間結構了然於胸，更可保護你免受過度刺激（障礙三）之害。請找一個能夠看清楚整個空間的位置。如果你在尋找新的對話者，出入口的附近會是明智的選擇。

尋找可能的對話者

3. 尋找可能的對話者：尋找外表友善的人（單獨或在某個小型、開放的團體

設定個人的目標

中）。你也可以在參與活動的準備階段事先與某個人相約，例如先前曾與某人有電子郵件的往來，這次你想親自認識他或與對方商談事情。

4. 設定個人的目標：請你為參加活動事先做些具體且適合你目前狀況的規劃。例如計劃與特定的人談話（你可以請認識你們雙方的朋友為你引介）。或者事先設定只要自己感覺還算愉快就一直待著，否則隨時走人或給自己一段短暫休息的時間。

過多的刺激導致能量大量流失

障礙三：過度刺激

過量會造成傷害。這個道理也適用於生命中的美好事物，包括巧克力、紅酒、人。對內向者而言，「太多」往往是指外來的印象過量。這正是常見的障礙之一：過度刺激。身處有許多外來刺激的情境中，致使大量耗損能量，不僅勞心傷神，更會奪走與他人互動的愉悅，最後精疲力竭。因此，要慎選並適量參與社交活動，以避免能量消耗殆盡。這對內向者而言並非不尋常，而且還很合情合理，因為沒有人必須總是待在人群中！還是要回頭探討一下這種情況本身：你該如何避免迅速且大量的能量耗損？

在閒聊中內向者避免過度刺激的策略

暫停

1. **在任何社交場合中留意自己是否感到不適**。不要讓自己處於壓力下，應在與他人互動的過程中適度給自己一點暫停或休息的時間。有兩點很重要：你必須能夠「獨處」並且「放鬆」。可行的方法有很多，例如你可以去趟盥洗室，欣賞一下牆上的畫作，坐在一旁一邊輕鬆地喝著美酒、一邊悠閒地觀察周圍的人群。在對話之間你不妨多次緩慢地深呼吸，這能讓你平靜，並提供充足的氧氣，成效等同短暫的休息。再度補充滿能量的你會感到與他人的互動更有趣、更真實，這將是一個好的開始！

一個一個來

2. **請你避免同時做很多事情**。這樣可以減少大腦對於外來刺激的接收，而能將較多注意力投入你正在做的事情，並提升你的存在感。因此，專注於你正在交談或互動的人。當你結束了一段溝通之後，可以想想下一個目標，或先去吃點東西。

音量

3. **過高的音量會吞噬內向者的許多能量，這也是過度刺激障礙的主因**。我曾經觀察包括我在內的許多內向者，我們有一個共同傾向，就是把噪音視為某種大自然的不可抗力。由於過高的音量並不會對周遭的外向者造成多大的困擾，因此這似乎只是「我們自己的」問題。儘管如此，你還是要鼓起勇氣去面對，當你發覺某個社交場合的環境對你而言過於吵雜，有種做法可以帶來不錯的效果。例如在機場交談時有飛機起落，或是街上有活動人聲鼎沸，就算不借助耳塞，你還是做得到，透過刻意地把注意力放在對話者身上，降低外來刺激對你的干擾。這能讓背景噪音趨於隱沒，更可增進對於對話內容的理解。在許多情況下，你不妨發揮自己的影響力，有效阻止噪音。例如在健身中心做重量訓練時，由於音樂太大聲讓你無法與他人交談，還製造了訓練時的壓力。這時不妨去找外向的女接待員商量，她會很樂意將音量調小，不過前提就是，你得去反應！請參照以下的模式來進行：首先描述一下實際的狀況，其次說明造成怎樣的影響，最後再表明你個人的期望。你可以向對方這樣解釋：「今天重量訓練室裡的音樂太大聲了。如果可以調成室內適宜的音量，就能方便運動時的交談。可否請妳幫忙一下，將它調小聲一點！」

障礙四：消極

若在社交場合中仔細觀察一下，你會發現到處都有假裝參與的內向者。他們不是去找飲料喝，就是在查看手機裡的訊息。他們會把報章雜誌翻了又翻，並且頻頻確認時間。在與人互動方面，他們的情況看起來相當不妙……。

能夠展開人際關係的機會多半顯得雜亂無章。內向的參與者都會搞不清楚，自己到底可以與應該做些什麼，才能和屋子裡的其他人建立聯繫。在這種情況下，不確定與不安的感覺油然而生，內向者因而覺得渾身不自在。於是，遲疑不斷擴大，與其有目標地試著與人接觸，倒不如暫時按兵不動。於是他們的境遇便完全操之在人。他人若不表現主動，他們就只能孤單地被晾在一旁。如此一來，他人若表現主動，他們就得被動地給予回應，完全無法選擇自己想要交談的對象。最糟的是，他們會因為無法或不夠迅速地應對他人突如其來的接觸，而白白錯失了建立關係的良機！

主動出擊建立關係的小祕訣

顯而易見的結論是：若想與他人建立關係，最好採取主動出擊！如果你能降低溝通中的複雜性以及由此而生的不安因素，你就可以輕鬆做到這一點。遵循一項簡單的原則：做具體的規劃，讓你的人脈活動與時間分配有章法。在此提供一些有趣的辦法，它們全是來自內向者的寶貴經驗。

遵照以下的辦法，主動活躍於社交場合

1. **勇於任事**。這項建議特別適合事業剛起步的人。你可以幫忙登記或招待賓客，也可以組織服務團隊，或是接下發表演說或組織工作小組的任務。在專業領域中，藉此表現出勇於任事、負責任的態度，以正面的方式提升自己的能見度。

適例：我建議在我研習班上課的一些年輕學者，盡早在事業起步時在大型會議或小型專業會議中加入工作小組。如此一來，不僅可以藉由實地觀察而了解其中的運作規則，還可以在學術社團中建立正面的形象，此外，更可輕易地與決策者建立關係。

2. **早點到場**。找出哪些人也會出席活動。根據活動性質採取不同的方式。例如參考會議日程表，或是看看陳列在外頭的名牌，如果你早點到，那些名牌多半還在。又或者你可以帶著友好且好奇的態度向現場的主辦者或接待人員詢問，他們還在等些什麼人？

3. **排隊**。這聽起來有點突兀，不過這麼做有個好處：因為隊伍提供了某種可資利用的結構。你可以從前、後方獲得可能的對話機會（無論是在接待處、自助餐點或吧台旁）。此外，站在隊伍中大家都有目標，而且必須等待。這一切能讓你在舒適的狀態下掌握整個局面。

4. 善用站桌。站桌是理想的互動平台，它們可以確保對話者彼此的間隔，並能讓人放東西在上頭。請你在剛開始時帶著你的盤子或杯子找一張無人或僅有一人占用的站桌。如此一來，你會有很好的對話機會。在第一種情況，很快就會有人過來與你作伴。在第二種情況，已經有位親切的內向者在等著你，而這張站桌也給了他同樣的舒適感。你只要態度友好地詢問，這位子是空的嗎？

現在你明白了如何運用自己的長處來增進互動。此外，你也認識了一些內向者經常要與之搏鬥的陷阱與誘惑。接下來，我們要討論另一種社交型態，在這種型態中你的溝通對象不會現身，而是存在於遙遠的網路連線裡。

在舒適區裡的互動：Web 2.0

數位網路與互動平台（也被稱為「社交媒體」）都是人脈活動的理想遊樂

場，諸如臉書、XING專業人脈網、鄰客音、推特、Google+，或是其他的交友網站、網路論壇、聊天室等，各式各樣的選擇令人目不暇給。所有這些網路平台都有兩個共同點：它們實現了以「書寫方式」進行「間接互動」。因此，它們全都符合內向者的長處九：書寫。

對於社交活動較為退卻的內向者來說，網路連線倒是建立人際關係的不錯選項，儘管它並不那麼地「真實」。在數位空間中總是存在著足夠的安全間隔，比起口語溝通，這種互動方式不僅能延時，還有空間上的隔閡。這些特性都能給予內向者在安全與支配方面的舒適感。當喜歡先靜靜地思考再表達意見的內向者收到對方傳來的訊息時，他們可以好整以暇地回覆。我曾在推特這個迷你部落格的平台中讀到一句話：「一百四十個字是人類能妥適承受的量。」我很確定，這句話絕非出自外向者！另一方面，有較多的內向者認為今日的數位社交媒體為必要之惡，而非建立人脈的契機。因為對他們來說，這不過就是多了一個要固定經營的活動罷了！此陣營的典型說法（多半還加上轉動眼睛）就是：「我哪還有什麼時間做這些事！」你是屬於哪個陣營呢？

請回答以下的問題：

數位社交網路對你有何意義？

- 對於實際會面的良好輔助 □
- 可接受的人際關係 □
- 必要之惡 □
- 無意見／資訊不足 □

正如你目前所知，大部分的內向者偏好少量但深具意義的人際關係。可是許多網路上的溝通內容都很膚淺，有些甚至就只是謾罵，既愚蠢、又吵雜。但並非全部！畢竟還是存在著既充實、又豐富的數位互動。

可以確定的是，數位媒介是建立人際關係的一環，甚至可以說這個時代的人際關係其實就是建立在數位媒介上，而未來它們肯定會益發重要。因此，身為內向者的你請善用數位媒介！它最好的部分也正是最適合你的。以下是一些使用上的小祕訣。

使用數位網路的小祕訣

- 只選擇取少數符合你的溝通方式與目標設定的平台。範例：「臉書」是個多彩多姿的大雜燴，當中隨時都有許多個人與職場方面的互動在熱鬧地進行著。「鄰客音」與「XING專業人脈網」則是純專業的平台，在那裡你可以適度展現自我，其中「鄰客音」較以國際化為取向。「推特」是一種微型部落格，你可藉由書寫或閱讀最多一百四十字的訊息來直接與人溝通。「Google+」帶著許多新功能於二〇一一年開始與前述所有的網路平台一較高下。除了這些還有很多其他的平台。請你在剛開始時最多選取兩個使用就夠了。要在自己選取的數位場所與他人溝通互動，並且持之以恆！
- 在網路平台中建立符合目標與期望訊息的個人形象。唯有當你細心地維護互動及個人形象，人脈才能有效建立。因此，在給予他人的訊息以及與他人的對話中清楚且名實相副地表現自己。這樣你便能得到你所期望的網路身分。
- 不要貿然將在數位媒介上的接觸視為友誼或職場上的關係。雖然的確是有可能在這兩方面發展出美好的關係，不過前提是互動要順利。我個人選用了「XING專業人脈網」與「推特」，兩者可以相互補充。此外，我也發現，藉由在平台上與他人互動，不但提升了我的網頁與部落格的點閱率，也增加了與我的工作有關的直接溝通。這並不代表所有人都得喜歡你以及你的形象，就和現實生活一樣，在數位宇宙裡你所做的事無法討好每個人。你的人際關係不論在量或質上的增長最好都能順其自然，且緩慢而持續。

- 請在你的時間管理中預留固定的時段給數位人際互動。你該定期活動，盡可能每週一次以上。你可以發表文章、確認你認為合適的互動請求、讀一讀網頁上的留言，若有必要則回應一下。這也表示：當你在進行其他活動時，不要因為一直顧著看推特的時間軸或臉書的留言而分心。
- 在你自己所選擇的公開角色範圍內持續與他人進行互動。你在數位媒介上所寫的內容，在最好的情況下是得到他人的信賴，你的讀者與聯絡人會覺得，他們對你多少有些認識。因此，請你相應地與他人溝通一些你想傳達的事情，不論是因為它們對你很重要，或是能使他人受益，或是能彰顯出你的某些特質與能力。我一再地發現，當我在現實生活中遇見透過「XING專業人脈網」或「推特」所認識的人時，完全不會有出乎意料的感覺，因為大家都已經對彼此有了不少的認識。由於你在公開什麼訊息之前必先經過思考，相信在與他人的溝通中你也會顧慮到這一點。

- 請你如同重視其他人脈活動那樣地重視數位活動。每天網路上都可發現不少非常實際的事，如新工作、問題的解答、能處理手邊工作的服務商、好的建議或委託徵詢，這些事情同樣也會出現在你與他人的真實會面中。

不過也請注意，真正的人脈建立，是從你在某一刻遇見了隱藏在網路形象背後的真人開始！這樣的會面是無法用聊天室、推特、臉書上的留言或電子郵件來取代的。因此，請你善用網路，一方面藉此開展你希望建立的關係，另一方面在親自會面後繼續藉此維護已經建立的關係。在正式認識後繼續邁向下一步！倘若透過網路聯繫帶給你一段有趣且優質的互動，你就應該設法促成在「現實生活」中的會面。（當然囉，萬一你的推特聯絡人身在遙遠的巴布亞紐幾內亞那就另當別論……。）

本章重點整理

- 內向者具備了所有能在社交場合裡成功與他人建立關係的條件。如果能認識自己的偏好與特質，並進而將其運用在建立符合自己期望的人脈上，這對內向者來說將是最好也最愉悅的狀態。
- 內向者可依循以下五項策略妥善**建立屬於自己的人脈**：設定具體目標、定義資源、介紹朋友們互相認識、請他人幫自己引介、持之以恆地維護人脈活絡。
- 內向者所看重的是持久且深具意義的人際關係，重質不重量。
- 在社交方面內向者多半擁有三種**長處**：擅長傾聽，能保持平靜，更可以憑藉分析能力輕鬆地找到適合與對話者交流的話題。
- 在社交場合中內向者應該注意自己的特殊**需求**：容易因為同時湧入大量訊息而不堪負荷，在過度刺激的環境中能量迅速流失，寧願保持消極也不願主動找人談話。借助綜觀全局的視野、暫停與抽離、活動前用心規劃等辦法，都可化解這些障礙。
- 偏好書面表達的內向者可以利用**數位網路**加強與他人的互動。這有一套運作規則，而內向者絕不應把它當成實際會面的替代品，只能作為補充。

第七章

人、事之間：談判交涉

席娜在某所設有大學附屬醫院的知名學府攻讀博士。她主要是在研究肥胖患者的新陳代謝失調症，身為生物化學家的她特別專精於血值這個領域。因為工作的關係她必須經常與白老鼠為伍，她得將血清注射到牠們身上，並抽取血液樣本來化驗。這項工作相當困難，不僅龐雜，還得顧及許多極微小的細節。至今為止席娜在工作方面都很順利，她也喜歡這份工作，經常晚間待在實驗室裡加班。她已在一些國際研討會上成功（並帶著緊張的心情）發表她的初步研究成果。她希望在接下來的十個月能寫完博士論文，就能趕在目前的職位終止之前完成。此外，她現在還指導兩位學生撰寫碩士論文，不過她覺得這些事情頗浪費她的心力與時間。

屋漏偏逢連夜雨，此時有個意外狀況讓她的時間更為緊迫。席娜的指導老師是位知名的教授，他爭取到了一個大型的第三方基金研究案，希望席娜也能積極地參與其中的研究工作。席娜明白，唯有在獲得其他奧援的情況下，自己才能勝任這個新任務。因此，她決定向指導老師請求一位能分擔她實驗室例行工作的助理。

釐清自己的立場

席娜正面臨到談判交涉的挑戰。她想要達成某些事情，為此她需要另一個人的合作：她的老闆。

與談判交涉有關的無非是施與受，即便彼此的利益南轅北轍，所有當事人應從中達成一個他們都能支持與履行的結果。因此，唯有當席娜的指導老師認為解決方案有用且能實行，他才會答應席娜的提議。如果他自己也能從中獲益那就再好不過，如此一來，便可順利做出決定。

唯有當談判交涉的當事人在解決方案上取得共識，他們才能進一步往自己的目標邁進。席娜的老闆要的是，席娜能完成額外的研究工作並指導碩士生。席娜自己要的則是，趕在她設定的時間內完成博士論文。在最好的情況下，結束時的共識可以促成當事人一起做出決定，並且在對話結束後予以履行。在席娜的案例裡這代表著，必須再聘請一位助理（或是採取其他減輕負擔的辦法）。

身為內向者的你可以在與人談判交涉中表現出良好的身段，而內向者的長處有助於這樣的溝通技巧。在我們討論這些長處之前，有兩件事必須先說明：首先是談判交涉的基礎。這牽涉到如何確定你自己的立場，以便找到交涉的起點，並由此出發展開所有後續的策略。其次則是交涉過程中不同階段的任務。清楚了這一點，便能為自己的事情進行相應的規劃。

■準備一場談判交涉時，先確定自己的立場。然後在此基礎上，準備其他相關事宜

下列三項要點可以幫助你確認自己的立場。

確定立場的小祕訣

釐清自己談判交涉立場的三項要點

要點一：確定觀點與目標

—你必須提供些什麼？

—你想透過談判交涉達成什麼目標？

—你的談判交涉對象如何看待這個目標？

—你需要哪些與對方以及談判交涉標的有關的資訊？

要點二：區別重要的與可妥協的部分

—遇到同時有多項談判交涉議題的情況時，請確認哪一項議題在你看來最為重要。你希望在怎樣的順序下商討這些議題？

—你希望在最好的情況下個別的議題分別能達成什麼？

—什麼樣差強人意的結果是你還能接受的？

後兩個問題的答案能為你提供寶貴的操作空間。

要點三：確保明確與一致

如果你是以團隊成員的身分參與談判交涉（例如代表部門），請在真正開始之前先和其他成員共同釐清要點一與二的問題。當你們所有的人口徑一致時，便能發揮最強大的效果。

尤其是要點二，它能確保你的靈活與彈性，這是很重要的。許多不成功的談判交涉都是敗在固執的態度上。事實上存在著不少可行的辦法，它們能讓你和對方同時接近各自的目標！

理解對方

最遲在談判交涉的過程中你會認識到對方的需求。請確定你明白對方想要什麼。唯有當你對所有當事人的利益了然於胸，你才能夠設想雙方如何共同做出一個妥適的決定。

在談判交涉之前與過程中，也請考慮一下長期的後果：你的談判交涉對象未來會如何看待你（或你們公司）？這會造成什麼樣的影響？對方會帶著何種心情結束談判交涉？

談判交涉的架構，以席娜為例

席娜根據前述三要點確認了自己的立場。以下為其概要。

關於減輕工作負擔的談判交涉

席娜釐清自己立場的三要點

要點一：確定觀點與目標

—席娜的供給：研究實績、責任心、值得信賴。

—目標：藉由增聘研究助理減輕實驗室工作（耗時例行工作）的壓力。

—指導老師對其目標的看法：額外的支出。不過，新的研究工作以及指導更多碩士生的確會帶來更大的壓力，因此有必要更明智地分配工作。

—與談判交涉對象以及標的有關的資訊：是否有增聘一名助理的預算？是否有前例可循？具體來說大約需要減輕多少時數？

要點二：區別重要的與可妥協的部分

—談判交涉主題：只有一個，即減輕工作負擔！

—最好的結果：增聘一名研究助理！而且也已物色好一位為人好、能力強的人選。

—差強人意的結果：在取得博士學位之前不再指導碩士生。新的研究案不失為另一個謀職的良機，無論如何都得排入計畫中。

要點三：確保明確與一致

—沒有其他參與者。

—釐清：如果為一位博士生聘請研究助理，這對工作小組代表著什麼意義？有支持者嗎？還是有反對的聲音？

席娜就在這樣的基礎上準備對話。而首要之務，便是釐清那些懸而未決的問

釐清懸而未決的問題

題：

- 她實際需要每週減少大約八至十小時的工作時數。
- 她透過祕書得知，目前還不清楚新的研究案是否能提供必要的預算。不過沒人有印象以前曾有為博士生聘請助理的先例。
- 工作小組知道席娜正處於最後的緊鑼密鼓階段，同事們多半都認為在這樣的時刻讓她減輕一點負擔倒也合理。可是有位博士後的同事看法不同，他明白表示，聘請助理這種解決方式是不當的特權，要是每個人都這樣做……。

之間席娜敲定了一個談判交涉的時間。為了後續的計劃她繼續邁向各個階段。

談判交涉的各個階段

談判交涉各階段的概述

一場談判交涉係由多個階段所構成，每個階段都會有特殊的任務要實現。以下是各階段的概述，其中也包括了事前準備與事後處理。

談判交涉的流程

談判交涉之前：事前準備

任務：釐清。

請根據前述三要點探求自己的立場。此外，確認清楚時間、場所、出席的對話參與者、媒介的種類以及任務分配。

談判交涉之中：實際進行談判交涉的各段落

段落一：上場

任務：營造有利的氛圍。

方法：閒聊、詢問與傾聽、積極的肢體語言、舒適的環境。

段落二：談判交涉核心

任務：尋找共同的立場。

方法：論據、詢問、積極傾聽、調整觀點、尋求妥協、做成決定。

段落三：下場

任務：釐清履行內容、確保正面關係。

方法：總結、任務分配、和緩未能達成共識的局面、友好地道別。

談判交涉之後：事後處理

任務：履行談判交涉結果、檢討談判交涉：什麼地方做得好？什麼地方還需要改進？如何改進？

方法：無其他參與者：自我反省、做筆記；有其他參與者：簡短地開會與交流；書面記錄重要事項。

第一階段

在談判交涉的第一個階段，即事前準備階段，席娜的情況如下：

- 三項要點已釐清（參閱前述）。
- 時間：已確定。地點：老闆的辦公室。
- 沒有其他參與者。
- 媒介：兩張A4規格的紙，一張是席娜現有全部工作與計劃的一覽表，另一張則是某位助理人選的簡歷。
- 其他與事前準備有關的事項：無。

第二階段

席娜也對第二階段，亦即談判交涉本身，做了一番思考。「上場」（段落一）不需要太多時間，因為席娜不但認識她的老闆，而且知道他為人和善，性格偏於外向，不過由於他的工作壓力很大，有時會有點不耐煩。因此，她很清楚自己要單刀直入地切進重點。席娜很快便進入了談判交涉核心（段落二）。因為她的老闆不喜歡被局限在某個唯一的選項上，因此她打算先表示：她在學程的最後階段實在沒有足夠的時間擔任這項新工作（為了在談話過程中讓自己的陳述一目了然，她準備了一覽表），為此她感到相當苦惱！接著就看對方如何回應，再見招拆招。她希望能在這個段落說服她的指導老師，獲得自己最滿意的答案。即便不行，至少也答應讓她免去指導碩士生的負擔。

在談判交涉的過程中（段落一至三），從頭到尾留意有一個安全、舒適的框架。

確保談判交涉的框架

—請你堅持每個人都能暢所欲言，就連你自己也是。這一點同樣適用於在與上司對話時，如果對方將你的話打斷，你不妨和顏悅色地說：「請讓我很快把話說完……」

—遇到偏離主題的情況時，態度和善地拉回正題。

—盡可能在措詞上迎合你的談判交涉對象。
—保持身體面向對方，並且友善地注視對方的眼睛。避免雙手交叉與翹腳。
—在面臨挑釁或時間緊迫時，無論是內心、還是外表都要保持鎮靜。當你感受到壓力或憤怒時，請平靜地深呼吸。

席娜的事情最終有了好結果。她的指導老師明白，減輕這項額外的研究案（這是他非常掛心的事）所帶來的負擔是必要的。他同意增聘一名助理，不過他也希望這名助理能在新的研究案中幫忙做點事。他對席娜推薦的優秀人選很感興趣，並收下了那張簡歷。在之後的處理階段，席娜還得完成一些工作，她必須安排面試並與行政單位聯繫。對於談判交涉的成果她非常滿意，在道別時她也對老闆表示，她非常樂觀看待新的前景！

內向者在談判交涉方面的長處

內向者憑藉其部分的長處在談判交涉方面握有幾張王牌。在說明了談判交涉的準備與流程之後，接下來要介紹內向者在這方面具備的重要優勢，並會告訴你如何將它們發揮出最佳效果。

長處四：傾聽

傾聽可以讓談判交涉的過程較為舒適，如果能給對方暢所欲言的空間，對方也會較有意願去理解我們的立場。若能在談判交涉核心（段落二）配合正確提問，便可幫助你利用傾聽的能力提供對方這樣的空間。你的談判交涉對象會因你的傾聽（以及你對其所述內容的妥適回應）而感到自己受重視。在這種情況下，對方不但可節省促使我們傾聽的心力，還非常有可能展現合作的誠意。如此一來，整個局面會顯得輕鬆，你自己也可以少費些功夫。

彼此都能感到受對方重視

良好的傾聽還能在談判交涉過程中，為你帶來許多具體且重要的助益。它能讓你獲悉與談判對象的觀點與利益有關的許多資訊，你可以加以參考或是運用於尋求某項結果。這有助於你爭取各方都能接受的結果。

將他人的利益納入考量

像席娜便明確注意到，在是否增聘一名研究助理這個問題上，她的老闆多次提到新的研究案以及迫切需要的資源。因此，她可以在交涉的過程中向老闆徵詢，她是否能讓研究助理也一起參與新的研究案。這一點幫她擴大了可操作的空

配合傾聽使用的關鍵問題

間，因為，增聘研究助理也對她的老闆產生了吸引力。

下列三個關鍵問題能讓你在談判交涉中，更輕鬆且有系統地傾聽。

聰明傾聽的三個關鍵問題

1. 你聽到什麼需求？
2. 你聽到什麼感受？
3. 你聽到什麼可以拓展對話的可能？

冷靜地運用你所聽到的內容，那能證明你並非只是一味地反駁對方，而是確實聽到對方所說的內容，並將它們納入了考量。過程中，你不必逐字逐句地重複對方的話，而應該反饋你所理解的重點。例如席娜的指導老師在談判交涉的段落三（即下場）說：「好了，我希望增聘一事不會有問題！」席娜聽出這其中帶了點挫折感，於是她便將自己所聽到的改以別的方式來陳述：「聽起來在這方面您似乎曾有過不愉快的經驗？」他的老闆隨即對她說明了在行政單位會遭遇的麻煩。於是他們兩人便一起商量如何解決眼下這個增聘案的困難。

長處六：擅於分析

身為內向者的你，憑藉著擅長分析的能力，不但可以輕鬆確認自己的交涉立場，還能妥善調和雙方的要求。此外，還可以迅速找出你所需要的各種資訊，進一步為你創造出靈活的操作空間。透過以下這個問題，可以在談判交涉中重點發揮你的分析能力。

■談判交涉中分析的核心問題：如何讓這些資訊有助於接下來對話的進行？

例如席娜未能在談判交涉之前查出，是否有可供運用的經費來增聘助理。於是在對話中，每當談及與經費有關的事，包括新的研究案以及研究所中一般例行工作，她便非常仔細地聆聽。她認為直接詢問經費一事是不智之舉，不過她仍然以迂迴的方式提到：萬一她所負責的工作有所延誤可能要付出的代價，而這也會讓她在失去原本的職位後直到取得博士學位前都缺乏經濟來源。這麼做至少可將能運用的資源搬上檯面討論。經費是有的，而且相較之下的確也是更為實惠的辦法！

將對話引向自己的目標

長處八：穩定

穩定的內向者在談判交涉時有一項明顯的優勢，儘管面對狀況很有包容度，但對於目標始終不放棄，而能讓某些事情在來來回回中取得成功。反覆不變地重申自己的立場當然也表現出了穩定，只不過這樣既不聰明，也不會帶來什麼好結果。展現耐力與毅力最好的方式就是，利用適當的言語將對話引導至有利於你的方向。善用預先準備好的一些句型，要達到這個目的並不困難。

以言語引導的方式堅持你在意的事

進行談判交涉的句型

「可否讓我們再回到某件事情上……」

「你現在說的這件事讓我想到，你在一開始就提到過，…」

「你認為這件事是否能與……有所協議？」

善用這樣的言語策略，你便能讓交涉對象逐步朝向你的目標前進。在這裡可以看出你的領導功力！

長處十：為人著想的能力

關係層面獲得關注

在談判交涉中能與對方同步思考十分重要，而你所擁有為人著想的能力在這方面對你非常有益。這項長處還不僅止於此，雖然你有你的交涉目標，但同時這項長處還能幫你看得更遠，為你與對方建立起良好的關係，超越談判交涉的範疇。

雙方贊同的利益

能替人設想的內向者會希望在合意的情況下做出決定，他們不會勸說或操控對方。對於談判交涉來說，這種態度是很理想的。以席娜為例，即便無法減輕自己所面臨的負擔，她也不願與自己的老闆交惡。

在這當中為人著想與地位無關，就連具備此項長處的內向者老闆也會認為，在交涉中讓員工並非受到壓迫，而是出於自己的意願做成決定，是很重要的。

結束時帶著好感覺

如果談判交涉未能帶來符合期望的結果，為人著想的能力可以讓談判交涉平和落幕。用一句「可惜，不過也許下次我就能說服你！」不僅表現出未成功者對眼前局勢的保留態度，更能展現運動家精神與令人讚賞的自信。衝突與誇張的自我表現（不同於許多外向者）並非什麼危險。

請回答以下的問題：

你能運用哪些長處在日後的談判交涉中獲得成功？

我的長處是……

我會如此運用它……

內向者在談判交涉方面的障礙

正如你在談判交涉中可以運用自己的長處，你同樣也會在這裡面臨可能的障礙（內向者的挑戰）與需求。這一節將指出困難所在，並告訴你如何妥善因應。

感受勝於論理

障礙六：過於尚智

特別是那些擅長分析的內向者，往往在談判交涉中抱持著一個錯誤信念：最會講道理的人勝出！如果真是這樣就太好了，所有的事情都處於完美狀態，世界井然有序。然而我們畢竟是人，人都有感情。違背人類情感的論理，或是罔顧對方情面的論理，到頭來都會讓談判破裂。

談判交涉中的情感層面

■在每次的談判交涉中都將情感層面視為溝通的一部分！

情感會以千變萬化的面貌呈現。讓我們再回到席娜的談判交涉。在這個例子中，主要有三項因素影響她的老闆的情緒以及雙方在交涉中的互動：第一、席娜每天都和這位指導老師一起工作，他們已經從中建立起一種人際關係。而且很幸運地，他們的合作是建立在互信、互重的基礎上，這都是正向的情感。第二、在席娜與老闆之間存在著地位上的差別，這也會影響到情感層面。身為上司的指導老師如何看待下屬席娜的事以及她所期望的結果？萬一他對這件事的看法與他的

觀察當天的個人狀態

談判交涉需要靈活性

博士生的實際處境有落差，那該怎麼辦？在什麼條件下他應該批准一位下屬的提議？工作小組其他成員的態度又如何，特別是那位曾表達批評之意的博士後同事？

第三項因素雖然有點不起眼，但在情感層面同樣重要：對方當天的個人狀態。是否剛好頭疼？還是剛和老婆吵了一架？又或者在跑完晨跑之後心情超級好？如你所見，這讓談判交涉有了另一個深層面向。

下面這項障礙所涉及的是，如何克服那些會讓自己變得冥頑不靈的情感。

障礙八：僵固

談判交涉需要靈活的手腕。因為談判交涉無非就是在調和各方當事人的利益。為了達到這個目的，當事人必須在談話過程中互相說動對方。這裡的說動有賴於當事人對於決策規則、選擇可能以及解決方案的權衡與持續發展。再對話的過程中，通常也會產生一些重要的新觀點，不過它們需要在談判交涉中得到發展的空間。

在這裡，僵固於自己的立場會對你造成妨礙。許多內向者重視一個可計算的

立場有利於思考的平靜狀態。但這兩項因素，很容易在談判交涉快速的你來我往中消失不見。這會導致失去自主性，同時帶來混亂不安。這就好比你要按照原本四三拍的華爾滋舞上一段四四拍的音樂。不過這項障礙是能夠排除的。你可以運用自己擅長分析的長處（以及你對書寫的偏好），在談判交涉中確保你的靈活性。關鍵性的做法就是：提綱挈領地掌握新的、複雜的資訊。

分析能保持靈活，有助於談判交涉的進行

請在談判交涉中做筆記，以便掌握全盤局勢。你不妨寫下關鍵字，並優先處理相關重點，或是與對方協調將某些要點延後，並以書面方式來確認。

做筆記幾乎不會妨礙到談話，而且當你把某些事情記錄下來，對方反倒會認為你重視他所說的話。

障礙十：畏懼衝突

總是有些人會在談判交涉過程中有意無意地向對方施壓，藉以鞏固自己的立場。他們可能會催促對方快點做決定、加快自己說話的速度、提高音量，甚至透過肢體語言表示不耐煩，例如用手指連續敲擊或是伸懶腰。尤其是那些因性格使然而容易在談判交涉過程中「猛踩油門」的外向者，容易流露出這種態度。而加速也可以是一種刻意用來展現權力的工具，對手藉此想要向你施壓，逼迫你做出決定。遇上這種情況時，許多內向者會覺得對方似乎刻意要在談判交涉中製造衝突，因而感到極不舒服。如此一來，他們便將溝通中的壓力轉化為內在的壓力，因而容易軟化自己的立場。

拉開距離

萬一你不幸遇上會向你施壓的談判對象，首先你要在內心拉出一道安全距離，並對於所發生的事保持警覺。你不妨當成在看電影，專心地觀察整個局面以及你的談判對象。這麼一來，你便不會本能地退卻，或以「深溝高壘」的方式做出反應。

■第一步：警覺到談判對手要向你施壓！

別向壓力屈服

請記住：談判交涉的進行與結果，是雙方一同決定的！沒人能強迫你非得接受加快的節奏或談判對象給你的時間壓力。相反地，你可以讓進行的速度減緩下來，不妨做幾個深呼吸，從容不迫地保持自己的步調與策略。

刻意將節奏放緩

■第二步：深呼吸，並且維持自己的步調！

遇上這種情況時，也可以運用言語與肢體語言的工具。你先簡短地總結對方認為重要的事，而不去說對方要求什麼，例如「我了解，對您而言最要緊的莫過於不要超出預算。」這樣你便釋放出訊號，你的確注意到對方的利益，但並沒有退讓。在輪到你發言時，請你警醒地保持自己一貫的說話速度以及音量。你要從容不迫地注視對方，必須專注而不呆滯。你不妨將目光游移在對方臉上眉毛與鼻尖之間的「專業三角帶」。

沉默的力量

沉默也是一種充滿力量的談判策略。你可以在提議之後不再繼續說話，保持沉默，此舉會讓人散發出無比的自信。如果你的對手做了某項提議，之後你同樣也可以保持沉默，沒人能逼迫你迅速表態。因此，請從容不迫地考慮對方的提議。甚至也有可能就在你思考的期間，對方又再次片面修改其提議，萬一在這種情況下，談判對象所施加的壓力大到令你精疲力竭，你不妨為自己爭取一個「暫停」，將對話延遲一段時間後再繼續。

■第三步（可選擇）：爭取暫停！

有時候談判交涉無法遞延，例如你的談判對象沒有空或只是破例出席。這就意味著：你要撐住！此時善用你的傾聽、分析與穩定等長處。在談判交涉的過程中，充分掌握好前面兩個步驟，借助它們你能學會克服對於衝突的畏懼。祝你談判交涉順利！

請回答以下的問題：

往後你在談判交涉中會如何處理自己的需求與障礙？

我的障礙：

我的處理方式：

本章重點整理

- 談判交涉的目的是要共同達成一個所有當事人都能接受的立場。
- 在準備談判交涉的談話時，最重要的是**釐清自己的立場**以及**規劃好談話的各個階段**。萬一談判交涉進行得不順利，這兩項準備正可以為你提供保障。
- 在談判交涉方面，這些**長處**對內向者大有助益：傾聽、擅長分析、穩定、為人著想的能力。
- 內向者在談判交涉方面特別會遭遇的**障礙**則是：過於尚智、僵固、畏懼衝突。倘若可以看清自己的「痛點」在什麼地方，便能學習不讓它們帶來負面的影響或造成過度壓力。這一點尤其適用於畏懼衝突這項障礙上。

第八章

冒冷汗：上台說話

曼努爾任職於某家金屬方面的中小企業，前不久才剛榮升部門主管。他已經在目前負責的這個單位待了不少年，對於經濟情勢以及許多員工的背景都有相當深入的了解。雖然曼努爾對於自己的專業領域瞭如指掌，不過迄今為止他卻只能在自己所能掌控的小範圍裡與人溝通。在他所擔任過的職位上，他多半只跟大約十個人一起開會（最多十五人，不過鮮少發生）。而身為內向者的他對小組的偏好總是勝過大團體。儘管發表年度預算與決算的報告並非他喜歡的任務，不過至少那些同事都是他認識的，而且各種會發生的情況也都是他熟悉的。

然而因為升職，曼努爾也遇到了一些新的挑戰。就在今天，他剛剛獲悉賽佛先生，也就是在他部門擔任中階主管的一位員工，將在一個月之後退休。身為部門主管的曼努爾有義務為他發表一場惜別演說。光是想到要上台說話，曼努爾便不禁冷汗直流。他雖然認識、也喜歡這位準退休同仁，可是一想到要在一百二十人面前講一個離他專業領域很遠的主題，著實讓他心生恐懼，想要逃避這個惱人任務！

上台說話：一項培育計劃

演說能力是可以學習的

像曼努爾這樣的內向者，往往不太喜歡當著許多人的面登台表演。上台，與他們的偏好背道而馳，像是與為數眾多的人溝通、處於所有人目光投射的焦點、長篇談話中沒有抽離可能性，這一切都會帶給他們壓力。

慶幸的是，絕大多數的內向者還是能克服這些困難。成功上台並不需要靠語言天份與天生魅力，雖然具備這兩者的確可以加分。事實上，成功上台也可以借助其他方法。演講與報告都可以經由學習而精進。就連美國總統歐巴馬，也是接受有系統的演說訓練才有如此傑出的表現。在他一步步成為充滿魅力且言詞犀利的演說家之前，觀察家對他的評語不是「死板、像個老學究」、「令人哈欠連連！」（《時代雜誌》〔*Time Magazine*〕），就是「呆板、單調」（泰德・麥克利蘭〔Ted McClelland〕，《芝加哥雜誌》〔*Chicago*〕）。

例行公事帶來安全感

然而二〇〇四年七月，在美國民主黨於波士頓舉行的全國黨代表大會上，歐巴馬卻以精湛的演說（共二二九七字，全長十七分鐘）風靡了全美國。他絕非一夕之間突然變成一位才華洋溢的演說家。他其實是經過長年的努力，除了用心培養個人的演說風格，並目標明確地將自己包裝成政壇的明日之星。這樣循序漸進且持之以恆的培育過程造就成功。這位內向者領袖人物的實例告訴我們：培育過程可以讓一個人有很大的成長！

這代表著：即便你沒有總統夢，學習上台說話可以讓你個人得到成長，並能幫助你在職場上大有斬獲。起步階段，當你經驗尚且不足時最為困難。等到你漸漸敢在群眾面前亮相，並能應用書中介紹的策略時，你就會安心且自信滿滿地站上講台。

優質演說的特質

怎樣是一場成功的演講？

請你想像一下關於某一場演講的事，且你認為，它非常值得一聽！講得真是太好了！在什麼樣的情況下你會這麼認為呢？換言之，哪些因素促使上台成功？

為了讓你有個具體概念，明白自己在最佳狀態下能做到什麼，此處先概述三項成功準則。請注意，這並非要拉高門檻令你徒增壓力，而是提供一個方向，將「優質演說」不確定的概念轉譯為具體的特質。在此我向你保證，以下所列全都可以借助特定的策略達成。誠如美國總統歐巴馬所發現的，最重要的莫過於：練習！

成功演說的三大準則

第一項成功準則：演說者
當你在群眾面前名實相副地表現自己，你的演說便成功了

第一項準則涉及演說者所扮演的角色。倘若說話的人很可靠，便會受到每位聽眾的重視。相對地，企圖扮演一個與自己格格不入的角色，不僅自己覺得吃力，就連他人也會感到痛苦，除非已經過多年的演員訓練，那就另當別論。你不必也不該去虛偽造假。忠於自己就好！這不但節省心力，還能發揮更好的成效。

如果你是屬於實事求事、穩如泰山的類型，請你在觀眾面前就保持這種樣貌。你不必為了要說服他人，或是吸引人對你的主題感興趣而嘩眾取寵。你該精準發揮正面的影響力，例如讓人相信身為專家的你在選擇主題與陳述內容方面都是可靠的，或是讓人感受到該主題對你而言深具意義。諸如此類的效果，你都可

以藉由冷靜、精闢、務實的演說來獲得。如果你欠缺幽默感，就請你保持平靜；如果你覺得簡單的動作比誇張的來得舒適，就做簡單的動作。簡言之：請找出你個人的風格！在適當之處微笑一下，會比刻意發出與你格格不入的大笑聲來得效果好。

請回答以下的問題（為本次的演說）：

在台上，你擁有哪些屬於個人風格的特質？

輕鬆 □　嚴肅 □　清晰 □

幽默 □　務實 □　誠懇 □

樂觀 □　客觀 □　堅定 □

撼動人心 □　熱情 □　直率 □

勵志 □　發人深省 □　對話式 □

簡易（困難的內容能夠深入淺出）□　活潑的語調 □

強有力的聲音 □　從容的動作 □

生動的動作 □

其他特質：＿＿＿＿＿＿＿＿

如果你不確定自己的長處，不妨問問周遭的人。你如何看待這些長處呢？重要的是，如果你想要充滿自信地面對觀眾，就要善用你的長處並將演說以此為基礎，這會是最好也最簡單的途徑。你在本書中學到的，同樣適用於上台說話，在長處的背面存在著障礙，你應該去認清它們，如此你便能熟悉自己的痛點與需求，不再被它們驚擾。

身為部門主管的曼努爾認為自己的長處在於：說話從容不迫、音量適中，而且能像話家常一般對著聽眾說話。他注意到了，自己正可以將個人特色適當地運用在這場惜別會上，這同時也是他在整個團隊裡重要的一場處女秀，他希望能以主管的身分與整個團隊建立起良好的關係。

第二項成功準則：內容

當你傳達了清楚明確的訊息，你的演說便成功了

第二項準則涉及演說的內容。演說的主旨是什麼？在聽過你的演說後，如果讓聽眾只用一句話道出，這句話會是什麼？任何演說者都不該在欠缺主旨的情況下上台，無論是要表揚某人、發表產品，或是推演一套科學假說，都是如此。

曼努爾早已擬好了他的演說主旨，大抵就是：「賽佛先生，我們很欣賞你，也期待你能擁有嶄新而美好的人生階段。」他正以此為基礎有目標地收集與賽佛先生有關的資訊。他可以藉以敘述，自己與賽佛先生共同經歷了什麼？這個部門的同仁是如何看待他？什麼事情讓他在同事中顯得與眾不同？曼努爾打算利用這些資訊來建構並深化演說的主旨。

一般說來，與內容有關的第二項準則對內向者而言最是容易。不只是那些特別擅於分析的人（長處六），基本上內向者普遍都傾向在陳述之前先思考一番。不過演說時還需要將內容簡化為一個結論。這樣的努力是值得的，只要找出到演說主旨，便可有系統地輕鬆獲取其他資訊，並加以組織。這非常有益於你掌握演說的方向，聽眾們當然也不例外！

請回答以下的問題（為本次的演說）：

你的演說主旨如何一言以蔽之？

你需要哪些內容去建構並深化核心訊息？

你需要哪些內容藉以生動有趣地呈現出演說主旨？

當你能配合聽眾及其需求，你的演說便成功了

第三項成功的準則涉及到與聽眾建立正面的關係。唯有當你的演講內容觸及聽眾，你的演講才算真正成功。這便意味著，你的聽眾不僅「能夠」懂你（因為你給了他們充足的指引），而且也「願意」懂你（因為你所說的很有意思）。這項準則可以減輕你在演說者角色上的負擔，當你在亮眼燈光毫不留情的照耀下營造出正面的形象，它便能幫助你除去壓迫感。不僅如此，由於顧慮到聽眾的需

求，理解並回應他人便成了重點。接下來的問題就是：你的聽眾需要什麼？更準確地說：哪些方向指引、哪些生動組織內容的方法，有益於在你面前的這群聽眾？

我們可以借助其他問題找出具有說服力的答案，而這些問題都能幫助我們進行準備，例如你的聽眾需要哪些資訊？他們對於你要談的主題有何了解？什麼樣的談話風格最適合？你面前的這群人有什麼樣的心情與期待？你想要給你的聽眾來個意外驚喜，還是順應他們的期待？

借助這項準則曼努爾明白了，他的聽眾最想知道的其實就是「他本人」！這位新上任的部門主管要如何一展所長？他會如何對待部屬？因此，曼努爾打算在對賽佛先生的惜別演說中讓大家具體感受到：在他們面前的這位新主管既有人情味，又懂得尊重部屬，此外，他還有一個清楚的頭腦！

請回答以下的問題（為本次的演說）：

台下的聽眾可能都是些什麼人？

哪些特質對你的演說是重要的？

聽眾如何看待你以及你的角色？

在聽眾裡是否有多個持不同意見的群體？有哪些？

聽眾是如何獲悉你的主題？

聽眾可能會對主題有什麼意見？

你能為你的聽眾找到什麼「共同的分母」（或許以此作為演講的開場）？
（例如：出身背景、學歷、興趣、成員資格、意見……。）

基於上述問題你想在內容上做些什麼調整更動？

成功準則的三角關係

倘若你能遵循以上三項成功準則，你便已為此次演講備妥了成功的基本條件。

下方的圖示可以讓你更清楚它們三者的關係：

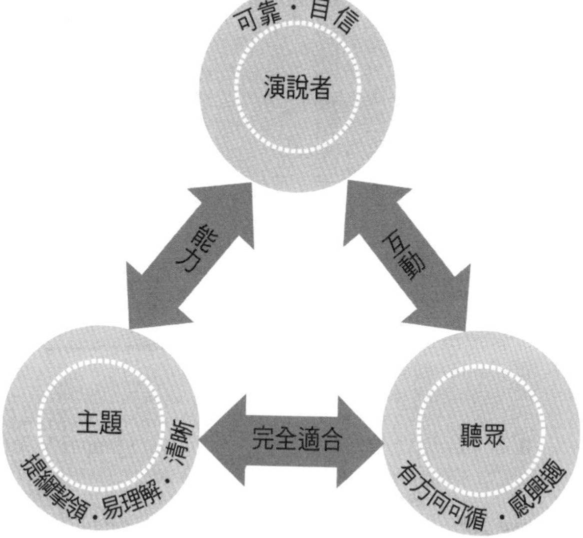

現在我們跨出下一步進入準備過程。在這方面投注心力可以讓你獲得安全感以及聽眾的共鳴。準備時，在完全沒有聽眾的情況下從容不迫地自己講給自己聽，內向者會覺得很自在。

機會與保障：準備！

「三思而後行」這句話或許就是出自某位內向者之口。能夠有充裕的時間做準備當然是再好不過，但是一般來說時間通常都很有限。因此，當你在準備內容時，訂定目標並且專注便顯得格外重要。依循計劃來準備有兩種好處：第一、你上台說的內容經過深思熟慮並且井然有序；第二、由於內容準備得很扎實，上台時你會更有把握。

準備時，以前述三項成功準則為基礎，先回答關於你、內容以及聽眾的問題，這便是初步的框架。接下來的這一節將介紹如何組織演說內容。

無論是敬酒祝詞、業務報告，或是像曼努爾的惜別演說，每場演說都可分為三部分：開場、主要內容與結尾。這並非只是標籤，三部分各有必須落實的特定任務。因此，在組織內容時，務必將它們謹記在心。以下是一個簡短的概述。

演講的組成部分及其任務

開場
- 喚起對主題的興趣
- 確保主旨的走向

主要內容
- 提綱挈領且生動有趣地呈現內容

結尾
- 清楚明白地傳達主旨與訴求
- 表態：聽眾應該思考、行動、支持什麼？
- 尋求正面的結語

利用結構表進行準備

接下來的演說結構表已納入上述各項任務。我經常會在我的研習班裡運用它，並於二〇一〇年首度發表於著作中。它能幫助你在很短的時間內組織任何演說。當然囉，前提是你必須熟悉要講的主題！這對於內向者而言通常都不是問題。請你利用這個表格做準備，將適合的內容安排到正確的位置上。

由於上台演說不同於交談，只要準備充足，一般而言不太會遇到溝通速度的問題。你可以三思而後行，不需擔心即席或臨場說話。

為演講做準備：結構表

題目：

主旨

開場白

「放大」：從眾所周知或出人意料的事物引出主題

概要：

主要內容：細分為三個段落／視角！

視角一：

結論／優點：

視角二：

結論／優點：

視角三：
結論／優點：

結尾
總結／重複最重要的論點
「縮小」：將所述內容放到較大的脈絡中
訴求

在演說中發揮長處

在大多數內向者眼裡，演說就是外向者的專長、是深受外向者喜愛的舞台，光環似乎也只保留給他們。這種看法容易讓人灰心喪氣。然而，內向者是可以主動為自己加分的，運用自身長處便能在台上完美演出。

如同前面幾章，本章同樣能找到內向者身上有利於上台說話的長處。透過以下的例子，內向者將看到過去自己所忽略的事實：發揮自己的優勢就能獲得聽眾的青睞！

典型內向者的長處

概述：具備實在特質的演說

長處二：實在

實在這項特質，讓人清楚知道自己在說什麼。在聽眾面前發表演說，這點是很重要的。例如曼努爾絕對不會帶著空洞的內容或不成熟的想法上台。

以下是具備實在特質的演說者在台上能掌握最重要且最美好的成果。

具備實在特質的演說的優點

1. 沒有無聊、空洞的套語。（例如「我很榮幸，今天有這麼多人踴躍出席……」、「在結束之前我還想……」）
2. 內容經過深思熟慮與細心證實。
3. 不會做自吹自擂的自我宣傳，也不會講出令人啼笑皆非的笑話。
4. 與演說者本人有關的資訊經過篩選並吻合主題。
5. 彰顯主題的重要性。

這些優點代表著：演說者不以自我為中心，專注於內容，緊湊地表達出重點，幫聽眾省下精力與時間。實在並非只在事實層面上發揮功效，它還能讓台下的人感受到，在他們眼前的演說者循著內容脈絡，將部分的自己傳遞給他們。因此，你不妨問問自己：演說主題的哪些部分對你個人而言最重要、有價值或有趣？關於這些部分，你能在演說中做什麼溝通？

■ 演說主題與你個人有何關聯？哪些適合放入演說中？

在這個問題上曼努爾想起與賽佛先生共同參加的一趟進修之旅。在那個機緣下，他認識到這位同事不為人知的一面。賽佛先生（先是有點不好意思，但後來轉為興奮）對他說起自己生平第一次開作品展的事，身為業餘雕塑家的他當時剛好得到一個發表的機會。迄今為止公司上下沒有人知道這件事，現在曼努爾取得這位準退休同仁的首肯，準備在演說中提及此事。這是個很好的題材：現在賽佛先生可以關注他的興趣，從事很有意義的事。曼努爾可以描述自己欣賞那些雕塑時的感動……。

藉由專注來增加強度

長處三：專注

演說的內容現在已經很完整，不過登台前還是有些事情讓曼努爾掛心。他擔心在許多聽眾面前自己沉靜、話家常的風格並不適合，在大場面中甚至顯得無聊、格格不入。由於他擁有專注這項長處，對此他其實大可不必擔心。外向者演說時會帶有誇張的手勢與激昂的語調，而曼努爾可以透過提高強度來為自己加分。也就是將全副的注意力放在場面、內容與聽眾上，並在演說時精準地運用自身能量。關鍵作法就是，曼努爾必須專注在對演說有助益的事情上，同時將這些內容，在適當的時機點，帶給現場的聽眾。

相反地，倘若在演說中一直把注意力放在自己身上，不僅不能帶來什麼具體效果，還會讓演說者愈加不安。其實不需要太關注自身，因為聲音與肢體語言是隨著演說者的心理狀態與大腦中發生的事情而運作。也因為如此，它們才會那麼具有說服力，它們所透露的往往遠多於當事人想要表現出來的！

少量而明確的手勢

誇張的手勢並不重要，重要的是動作要明確，也就是說，要有開始與結束！這一點同樣適用於語調。你不需要去誇飾自己的語調，你該做的其實是將每個句子從頭到尾清楚地說出來，發音別含糊不清！在重要的地方不妨刻意停頓一下。

也請注意，陳述聽起來就要像陳述，而不是像提問。我經常會在內向者身上聽到這樣的疑問語調：「這就是我所要說的？」如此一來，就彷彿是借助語調，違背本意地去「質疑」自己的主張與論點，結果大大削減了專注所帶來的強度。

總而言之，專注可以讓你帶著平靜的心、充足的力量，全力以赴。請在你的演說中，發揮它巨大的影響力！

考量聽眾的觀點

長處十：為人著想的能力

你肯定已經意識到，站在一群聽眾面前，不可能幫每一位聽眾都設想周到。儘管如此，為人著想這項長處對於內向的演說者仍是很有用的。有同理心的演說者能夠接受聽眾的觀點、關懷他們的需求，並將這些納入優先考量。反而是極端外向的「愛現者」，經常會忽略聽眾的需求，而敗在第三項成功準則（以聽眾為導向）上。

然而在演說時，為人著想代表著什麼呢？讓我們再回到曼努爾的例子。曼努爾擁有為人著想的能力，所以他會在演說中……。

- 考量到同仁們如何看待賽佛先生：他們會懷念他，而曼努爾將強調這一點，並具體地把它表達出來。
- 評估聽眾對什麼特別感興趣：在這個例子裡就是他所扮演的新角色。
- 設法讓聽眾認識身為演說者的他：與業餘雕塑家賽佛先生的共同經歷便可在此處派上用場。
- 讓聽眾融入這件事：在演說的結尾，曼努爾會請三位與賽佛先生關係最密切的同仁上前說幾句祝福的話，並代表部門將禮物送給賽佛先生。

曼努爾的教練會給他最後一個（並非最不重要的）建議就是：在由幾個要點組織起來的架構中自由發揮，這樣他才不會背稿或照本宣科，並逃避與他人接觸（障礙九）。所以曼努爾會留意適當的眼神接觸，這樣他才知道聽眾的反應，並在必要時有所顧及。對於有同理心的演說者而言，每一次上台都是一場對話。

請回答以下的問題：

你有哪些長處特別能在演說時派上用場？請重點描述你如何具體發揮這些長處？

可以用在：

長處一：謹慎 □

長處二：實在 □

長處三：專注 □

長處四：傾聽 □

長處五：平靜 □

長處六：擅長分析 □

長處七：獨立 □

長處八：穩定 □

長處九：書寫 □

長處十：為人著想的能力 □

其他長處：＿＿＿＿ □

其他長處：＿＿＿＿ □

克服演說時的困難

內向者在演講時的典型障礙

目前為止一切都很順利，其實內向者具備了許多上台說話時可以運用的長處。儘管如此，為何許多內向者還是非常不喜歡面對聽眾？為何在他們之中有如此眾多毫無感染力的演說者？光憑內向者偏好與一人或少數幾人交談的理由，仍不足以說明問題，正如一位能讓全場聽眾為之瘋狂的演說者，未必在個別與人交談時就完全沒有問題。

關於上述問題的答案就在內向者的特殊障礙上。來看一下內向者在這方面遇到的困難。

障礙一：恐懼

怯場

上台說話時，恐懼會以各種不同的型態顯現。怯場是其中之一。這是一種在上台前或演說中全身都能感受到的不安。根據演說講師的統計，約有百分之七十五的人會恐懼上台面對眾人。因此，從比例上看來怯場並非內向者的「專利」。事實上，這也與怯場者的能力或經驗無關，即便是經驗豐富的演員、聰明絕頂的教授或才華洋溢的音樂家，都有可能上台時發生怯場。這主要涉及到一種

心理反應。如果能多了解發生的原因，就可以減少它的侵襲，並妥善面對。

怯場是登台恐懼的一種適度展現。它其實還是有好處的，因為適度受到一點腎上腺素的影響，便能讓人在觀眾面前振奮與活躍。然而當身體發生這種作用時，生理上就不可能感到疲憊與煩悶。

怯場是如何在身體上發生與運作？

—怯場是一種壓力反應。為了克服那些被感受為危險的情況，身體會迅速有所反應。無論危險是一隻意欲攻擊的鬥犬，或是由於公開登台所導致，這都無關緊要，因為生理上的反應大致相同。

—引發此種反應的是交感神經，它是負責提升生物體效能的植物神經系統的一部分，以便應對突如其來的干擾、必須攻擊或逃跑的情況。

—交感神經會觸發分泌副腎髓質（Adrenal Medulla）裡的荷爾蒙腎上腺素（Hormone Adrenaline），而作為第二種壓力荷爾蒙（Stress Hormone）被分泌出的則是皮質醇（Cortisol）。

—藉由這兩種荷爾蒙的作用，身體會被局限於攻擊、逃跑或僵住等少數反應上，以便克服所面臨的危險（例如被鬥犬攻擊）。
——此外，壓力荷爾蒙還會產生一些因人而異的作用。其中常見的有心跳加速、呼吸急促、血壓改變（如臉色由紅翻白）、身體局部抽搐或顫抖、消化系統出現問題（噁心、脹氣、放屁、腹瀉、頻尿），或神經系統出現問題（盜汗、眼皮顫動、頭痛或頭暈）。

和許多物質一樣，腎上腺素也與劑量有關。萬一怯場惡化成上台恐懼症，那可就不妙了！上台恐懼症是繼怯場之後的第二種恐懼型態，它會對上台演說造成嚴重的影響。上台恐懼症讓人整個封閉起來，在面對上台的情況時感到完全無助，無法說出自己想說的，也無法做到自己能做的。呼吸紊亂，血液集中到四肢（而非腦部！），緊張的情緒升高，從無法集中注意力到眼前一片漆黑都有可能發生，此時遑論要與聽眾有任何互動。在上台恐懼症的籠罩下，想要展現出自信與能力簡直是高難度的挑戰。

問題就是：如何讓這些恐懼（怯場及上台恐懼症）連同它們的併發症一起消失？根據壓力荷爾蒙的相關研究顯示，意志力與自律並非好方法，因為頭痛、臉紅、噁心等症狀根本無法用意志力來控制。

習慣使人冷靜

反恐懼策略一：經常在群眾面前演說

你還是可以在三個層面上做些因應。第一個層面就是習慣。不妨經常練習，遇到特別重要的場合時，可以在好友或信任的同事面前演練。當你一再有意識地讓自己面對上台說話的情況，大腦中的恐懼中心便會重複地經驗到，你是完全有能力順利上台說話的。先前被視為危險的陌生事物將逐漸變成習慣，恐懼強度因此降低，症狀也隨之消除。這種現象稱之為「減敏」（Desensitization）。經驗可以為你帶來冷靜與安心。雖然你在面對上台時所感受到的內在阻力並未完全消失，不過隨著時間會慢慢減弱，最終恐懼便失去了它的影響力。

演講協會

成為「演講協會」（Toastmasters Club）的會員能讓你定期公開上台演說，這是一種優質又大有助益的選擇。這些（英語）協會旨在培養會員們成為優秀的演說家或領導者，每月只需繳交些許會費。他們採取同儕教練（Peer Coaching）的方法，每位發表演說的人都會由另一位會員幫忙評鑑。除此之外，會員們還可以學習到自我評鑑、即席演講、主持會議等才能，就是在各種不同的情況下在他人面前說話。「演講協會」遍佈全球，附錄中有相關網址。

在此還要提醒一下：萬一你的上台恐懼症特別嚴重，最好在受過心理專業訓練的人員協助下進行減敏！

反恐懼策略二：利用心理策略

第二種可以幫你克服演說恐懼的方法就是：利用有意識的思考。請你回想一下，意識其實是可以影響身體的運作。

■對抗恐懼的心態：我已經做好充分的準備！

請先把注意力放在萬全的準備上。如果可以在準備階段有意識地告訴自己：「我已經做好充分的準備！」這種心態能從一開始就為你消除許多恐懼。不過前提是，你必須確實做好準備！在壓力下，內向者短期記憶的功能往往會嚴重受阻，把注意力放在萬全的準備上能為你減輕這方面的負擔。即使發生了什麼出人意料的事，也可以創造一些即興發揮的空間。

■另一種對抗恐懼的心態：值得為內容冒險！

不妨借助此種心態來向你的「更高自我」喊話。它能幫助你走出自己，邁向更崇高的目標。由於你的演說內容是如此地重要，值得你投注心力、忍受痛苦，最後將它們呈現在聽眾面前。這項策略能幫內向者減輕負擔，大腦皮質安撫了他們腦內的恐懼中樞。你不妨也試試，這個方法的確有效。

反恐懼策略三：支持你自己的身體

一片茫然

有一種狀態是我許多客戶眼中的終極災難：一片茫然！這意味著，你完全失去了方向，根本不曉得自己要說什麼。然而，這時你並未失去的是已經說過的內容，它們可以是很好的定位點。因此，在遇上這種情況時，不妨重複那些內容或總結其中的重點。

深呼吸

在重複內容之前，同時進行第二個動作：呼吸！更確切地說，請你和緩地深呼吸。這項建議自有其道理，因為會造成一片茫然的最主要原因就在於，腦中的氧氣（與血液）供應不足，而之所以會供應不足，則是腎上腺素影響下的壓力反應。腎上腺素會導致你過度換氣，呼吸變得既短又淺。如果你不設法抑制這種情況，空氣就只能進到胸部的上方。再加上分泌出的壓力荷爾蒙，便會造成難以收拾的情況：你的腦袋缺氧，於是陷入了一片茫然！

因此，在遇上這種情況時，最重要的一件事就是深呼吸。當你刻意緩慢地往腹部（準確說來，應該是肋骨以下的區域）吸氣，會帶來兩種好處：第一、你的聲音會更洪亮；第二、你會變得平靜、放鬆。原本的緊繃得到紓解，思考恢復順暢流動。這也就是為什麼世上所有靜坐的技巧全是以呼吸為重心。

然而，最好還是在你上台前或開始演講時就和緩地深呼吸。你不妨找個安靜的角落進行此事，即使在盥洗室也無妨。就是平靜地深呼吸！如此一來，你充滿了能量，並能帶著內心的平靜（長處五）在聽眾面前展現無比的自信。

身體與心理會相互影響，你可以利用心理的訊息引發身體上的改變（例如依照反恐懼策略二來放鬆）。或者你也可以藉由調整呼吸來獲得心理上的平靜。以此類推，你甚至還能「假裝這麼做」，讓身體對你的恐懼產生影響。請你擺出能讓演說者展現出自信的姿勢：雙腳平行站在地板上，重量平均分攤，身體挺直，背脊伸展，面朝向正前方。這樣一個充滿自信的姿勢會在你的大腦產生某種奇妙的影響，它會去「相信」這股自信，因為你的身體製造出這樣的自信。不妨試試看，即便在你看來有點像天方夜譚。嘗試時，順便想像一個美好的副作用：你的觀眾也會認為你是一個充滿自信的人，因為你看起來就是這樣！

或許你會感到一陣難為情，那也沒有關係。心理學家達謝・凱爾特納

（Dacher Keltner, 2009）指出，會臉紅並因而顯得窘迫的人容易受到歡迎，因為臉紅表示不會漠視周遭的人，他在意與人的溝通！

障礙二：瑣碎

過多細節會令人感到無聊

在演講中瑣碎與恐懼往往是相伴而生。演說者會企圖在自己所熟悉與信賴的細節中尋求安全感。曼努爾就想過，要在對全體同仁所做的惜別演說中，將賽佛先生的事業發展從頭到尾說一遍。儘管這些細節經過詳細查證全都屬實，但聽眾們恐怕會聽到哈欠連連，保證很快便忘得一乾二淨。

瑣碎特別常發生在學術或專業演講中。我的一些顧客及研習班學員，非常喜歡在演說中（與投影片上）加入很多的實驗詳情與細節。這固然可為他們的研究成果奠下強有力的論證基礎，但也很容易流失聽眾，因為對方往往抓不到頭緒。如果那些頭緒只存在於演說者腦中，無法引導聽眾去理解，就算再好又有什麼用呢？以下三項提示有助於在「詳盡」與「重點」兩者之間取得平衡。

詳盡與重點：依照以下方式來呈現兩者！

1. 演講時照著架構進行

這一點很簡單：不要離題！

2. 遵循你的主旨。

在處理所有事實、範例、細節與故事時，請你反問自己：這項資訊有助於傳達我的主旨嗎？如果它能作為主旨的引導、說明或結論，則可以採用。

（請參閱第二項成功準則。）

3. 攜帶著比你想傳達的更多的資料

學者與管理專家特別會反問自己，在演講中是否有足夠的數據、資料與事實？你可以充分準備好這些相關資料，不論是方便自己綜覽的表單，還是額外補充的投影片。萬一在你演講結束「之後」，聽眾裡有人想更進一步了解某些問題，你也有萬全的準備。這種做法能避免你在演講的過程中折磨聽眾！

當時間逼近

障礙五：逃避

許多內向者在面臨壓力時都會想盡辦法逃避。這意味著，他們會在上台前將預訂的時間延後，並且不斷推遲準備工作直到再也無可避免。如此一來，除了原本的演說壓力外又增添了時間壓力，情況變得更為不樂觀！

將準備工作拆成幾個子步驟

對應的方法其實很簡單，只要演講的時間一確定，你就將準備工作規劃成幾個小型的子步驟並安排好時間。子步驟會顯得較不具威脅性，也較容易克服，它們不但能幫你循序漸進地取得成功的結果，更能讓你感到較為安心。請你利用「機會與保障：準備！」那一節提供的建議，按部就班地準備好你的演說。在進行演說的過程中，內向者的逃避傾向往往表現在完全照本宣科上，此舉不但隔絕與聽眾的接觸，更漠視了他們的需求。

尤其是當內向者手中準備了一份完備的講稿時，逃避的企圖更是令人無法抗拒。這樣不但無法與他人有真正的目光接觸，也不可能講出生動的語調，更遑論適合簡易口語結構的措詞（不是便於紙上作業的文體結構，那並不符合專業演講稿的撰寫）。

只寫下關鍵字

強迫簡化的策略可以改善這類的逃避。請你只寫下關鍵字，絕不要寫出完整的講稿！完美並非這裡追求的目標。以口語的方式呈現多少會有些措詞、發音或句法方面的小錯誤。不過重點不在於完美無瑕的表達，而是與他人的聯繫。那些潛伏在口語中的小錯誤幾乎都會被聽眾的大腦自動修正。可是如果不能與聽眾建立聯繫，他們的大腦也許會想著自己的購物清單或度假計劃，就不太可能裝進多少你所講的東西。

你已看出公開演說時自己面臨的障礙在什麼地方了嗎？本章最後你不妨為自己做一個總結分析，看看你的危險在哪裡，並能具體做些什麼因應。

請回答以下的問題：

當你在演說時，哪些內向者的典型障礙會嚴重困擾你？請你重點寫出所遭遇的障礙，你從中看到什麼危機以及能夠如何因應。

障礙一：恐懼 □

危險：

我的因應方式：

障礙二：瑣碎

危險：

□

我的因應方式：

障礙三：過度刺激

危險：

□

我的因應方式：

障礙四：消極

危險：

□

我的因應方式：

障礙五：逃避／無精打采

危險：

□

我的因應方式：

障礙六：過於尚智

危險：

□

我的因應方式：

障礙七：自我否定 □

危險：

我的因應方式：

障礙八：僵固 □

危險：

我的因應方式：

障礙九：避免接觸 □

危險：

我的因應方式：

障礙十：畏懼衝突 □

危險：

我的因應方式：

曼努爾成功地完成他的惜別演說。同事與部屬們認識到他是位會關懷、體貼他人的主管。當全場報以熱鬧掌聲時，身為這次演說主角的賽佛先生也深覺感動與驕傲，因為這些喝彩也是給他的。

順道一提關於喝彩的事。當聽眾以這樣的方式來回應你時，千萬別急著落跑！喝彩是聽眾對你的感謝，因此，請你大方地留下來接受大家的謝意！

本章重點整理

- 對許多內向者而言上台說話是件很困難的事。不過演說是可以經由學習而精進，當你越常做這件事，便越駕輕就熟。
- 唯有當演說者能名實相副地展現自己，清楚明白地傳遞信息，並讓自己與演說內容迎合聽眾的需求，演說才算**成功**。
- 以三項成功準則與一個清晰結構為基礎，充分做好**準備**，這會讓你在上台時減少許多壓力。
- 可靠的「內向者」演說風格，一方面來自於個人的長處，另一方面還要避免因個人障礙造成的危機。因此，首要步驟便是確認自己的長處與障礙。
- 內向者在上台說話方面擁有的**長處**為：實在、專注以及為人著想的能力。
- 常見的**障礙**是：恐懼、瑣碎以及逃避。

第九章

群體規則：參加會議與討論

電腦是保羅最喜愛也最重要的工具。身為資訊科技企業顧問的他，主要的工作，就是解決在轉換操作系統與採用新軟體時遭遇到的問題。迄今他與一位高級顧問共同為客戶服務，並與各公司的資訊科技專業人員保持著良好的關係。可是這星期那位層級較高的顧問生病了，他拜託保羅幫他去某個重要客戶那裡主持一場會議。這場會議沒辦法延期，因為它關係到這家公司既定專案的工作分配，所有參與者好不容易才敲定出席時間，其中包括了企業負責人、預算負責人、多位主管以及資訊科技部門的員工。

這場會議讓保羅頓時陷入愁雲慘霧。他該如何讓一屋子能言善道的人達成一致的目標呢？他最想要的就是埋首於資訊科技部門裡，在那裡他可以做自己最在行的，即解決與溝通技術方面的問題。另外，在上述這家公司的資訊科技部門

成績遭到漠視

裡，員工莎賓娜同樣愁眉不展，她也將出席這次的專案會議。為了執行這次的專案至少還要再多加一名人手，莎賓娜深知她得在會議中為自己的部門爭取更多預算。可是她要如何才能在這次的全體會議上達到這個目的？此外，最高層的老闆也將親自出席……。

對於像保羅與莎賓娜這樣的內向者而言，在團體中開會或討論經常都是讓人精疲力竭的苦差事，尤其現場來了一堆逮到機會就想發言的外向者，那就更讓人苦不堪言。遇上這種情況，內向者的典型反應包括：感覺受到過度刺激（障礙三），於是自己企圖退縮，且將大多數的意見表達當成說大話。許多內向者在全體大會上感受不到自己的存在感。我的一位客戶曾對我說：「我老是覺得大家都無視於我的發言，而最讓我無奈的，莫過於上個星期的一件事。當時我滿懷誠意向大家提出一項我覺得真的很重要的建議，但所有人都把它當成耳邊風！可是等到稍後另一位同事提出一個幾乎一樣的看法時，所有人居然都稱好。我不禁懷疑，我是不是走錯地方了！」

發言得不到預期效果只是內向者所見到的劣勢之一。在團體中保持沉默的內向者，不但會讓自己的成績與想法得不到足夠的能見度，更慘的是，有時自己的建議（一如我的顧客所述）還會遭到其他參與者剽竊或加工，反倒讓人奪走原應屬於自己的成功與共鳴。再者，出席的長官也會以為，在發言中畏畏縮縮的內向者顯然欠缺「團隊合作的能力」（詳情參閱後文）。這一切都會讓你的事業亮起紅燈！

身為內向者的你如何在這樣的「大話氛圍」中為自己爭取到聽眾與注意力？你又如何在耗費適當能量的前提下，挺過這一切？這些問題正是本章要討論的重點。

全體大會：適於內向者的六項守則與六種結果

在本節中將說明形塑發言類型的守則。當你越清楚這些守則，你就越容易達成那些在會議裡「算數」的事，即能見度、自信與說服力。也許更有助益的是，你會在各項守則中發現內向者在開會方面的典型長處（你能如何運用它們），以及典型障礙（你該如何遏制其後果）。

能見度、自信、說服力

開會守則一：唯有表現才能被看見

低調的貢獻也算數

如果你想在會議中被人視為有能力或有建設性，那麼你就必須有所表現。這並不代表你該滔滔不絕，但請在每次開會中都做出些許貢獻。我認識一些說話輕聲細語的內向者，每當他們發言時總是很有內容，因而獲得所有與會者的重視。

在各項長處中，實在對內向者大有用處（其他長處將於後文探討），因為內容要實在，所以開口說的話大都經過詳盡思考且深具意義。許多內向者不會做空洞、拐彎抹角、裝模作樣的表述，因為對他們而言重要的是事實，不是他們自己。當團體想要尋求某項意見或決定時（或是讓其他人也說說他們的看法），格外能從內向者的這點長處中受惠。實在若能結合傾聽、專注及分析能力等其他長處，更能提升內向者的發言在事實層面的價值。請好好善用它！

恐懼（障礙一）會阻礙所企求的能見度。在會議中發言也算是一種上台說話，這個主題第八章已討論過，對這兩方面來說，恐懼都是一種障礙。請參照前一章的說明來改善恐懼的問題。

此外，某些目的是要討論出新點子的會議，又是另一種特別的障礙。這時對內向者構成威脅的是過度刺激與消極（障礙三與四）。萬一身為內向者的你必須參與某個腦力激盪的會議，最好在準備階段時便善用書寫（長處九）的長處。請你取出一張紙，然後為自己舉辦一場個人的書面腦力激盪！你會發現，在這種

「便利的」會議中，你能輕而易舉地發言！

開會守則二：注意力是種稀有資源

溝通主旨

說話是件普通的事，但唯有別人把你說的話聽進去，你的說話才算成功。內向者在內容方面所遭遇的一大障礙便是瑣碎（障礙二）的傾向，他們容易迷失在細節裡，將主軸化為剪不斷理還亂的旁枝末節。

因此，請當心，千萬別讓自己的發言過於鑽牛角尖！那樣特別容易讓外向者感到不耐煩，因而喪失注意力。鉅細靡遺的回答容易讓所有與會者煩悶無力，最後便聽而不聞。因此，請你像演說那樣，在發言之前先想一想：我的主旨是什麼？也別忽略發言的形式，最好盡可能採取結構簡單的短句。

大聲發言

吸引注意力也有賴於良好的發聲狀態。如果你將原本十分有趣的內容以唸弔詞的語調說出來，興致再高昂的聽眾也會變得昏昏欲睡。無論在事實層面上你的內容有多麼充實，喃喃細語的聲調、缺乏停頓，或是機關槍一般劈哩啪啦，這些都會讓你的發言效果大打折扣。因此，請在語調方面多加留意！每個句子都會有一個內容上的重點，該適當地透過語調把它們突顯出來。此外，在句子的末端以向下的語調來收尾，這麼做可以將你的句子定義成一個意義單位，並彰顯出其中的意義。還有，注意發言時的音量，必須讓每個人都聽得到你在說什麼。再者，你若不想讓說話的速度快到讓人著火，或是慢到將人催眠，發言時不妨請一位友善的同事幫忙留意一下你的說話速度。

與聽眾目光接觸

另一項能幫你獲得關注的肢體工具便是目光接觸。尤其要與會場裡的決策者做目光接觸，藉此贏得對方的關注與信任。比起在一群人面前演說，個別與人交談多半會讓內向者覺得更安全舒適。善用這項事實，當你在會議中發言時，可以個別注視你的同事，就當成此時正在與這個人交談。個別與人目光接觸不但會讓你感到比較安心，你也能藉此表現出存在感與誠懇的態度，進而讓你更具有說服力。倘若你能成功吸引他人的目光，之後自然就不太可能有同事會盜賣你的點子！

開會守則三：沒有地位便沒有決定權！

發言時間與地位有關

當參與討論的人互相釐清彼此的地位，此時才有可能進行內容上的討論。對於欠缺地位意識的人而言（很多內向者是如此，尤其是女性的內向者），這項事實令人十分沮喪。瑪麗安‧克娜斯在她的《女人要有權》（*Spiele mit der Macht*）一書裡說明了，當一個團體剛組成時是如何完成地位的釐清。她發現到，地位會優先於內容！就連發言時間也都與地位有關。層級越高便發言越久，甚至還能隨心所欲地離題。相對地，層級較低的只能簡短說幾句，不僅如此，他們還經常會被打斷，而且發言也只得到少許回響。

爭取發言時間

具有避免接觸（障礙九）傾向的內向者，最喜歡閃避那些令他們感到困擾的人。那些偏愛比較地位的同事很可能就是屬此類。你應該有意識地運用自己的工具加以抵制。因此，你要從容不迫地發言，發言時間至少要和與你地位相當的同事一樣長。如果你不喜歡長篇大論而偏好簡短地發言，那麼請你多爭取幾次發言的機會來平衡。由於那位層級最高的人是全場最重要的，所以在你發表意見的過程中應該盡力去說服他。你只要觀察一下與會者都一直在看誰，便能認出此人，大家會想確認此人的聆聽態度，以及對於發言內容的反應。倘若這位層級最高的人物有在聽你說話，你八成就不會被打斷！

自信的體態

請在肢體語言上展現自信並面對其他人，不妨在不會過於隨便的前提下，自信地運用空間。你可以坐滿座位的全部面積，不過要避免伸懶腰或伸出手肘碰撞

當事實層面遭到背離

到他人。坐姿坦然而端正。遇到令人不愉快的狀況時，避免表現出把頭歪到一邊或望向別處等受壓制的姿態。請盡量讓自己的動作明確，應該要有頭有尾，不要搖擺，也不要抖動！這點同樣適用於聲音方面，只要語調正確、完整且有力地陳述到句尾，聲調就能顯得平靜（長處五）。也別忘了深呼吸（參閱第八章）！在聲音與動作方面切忌毛躁，那會降低你的地位形象。整體來說，你所傳遞的訊息應該表明一件事：（友善、有禮、態度合作的）你很清楚自己在做什麼！

如果你對於在會議中發言感到猶豫不決，可以參照開會守則五的小祕訣，在準備階段就先策略性地打點好各項議題。就算是「藏鏡人」也會遇上許多與地位有關的情況的。

開會守則四：公平，有時候！

在大同世界裡所有的人都照章辦事，就連會議也不例外。不過你心知肚明，現實生活中可不是這麼回事。沒錯，確實有公平這種事，也有基於事實的溝通，只不過並非總是如此！對於許多會議參與者而言，倘若他們不被認可，卻又想找機會讓自己更上層樓（例如提高能見度或地位上的競爭），做些諸如打斷他人發言或人身攻擊等違反規則的事是很值得的。偏偏對於內向者來說，不公平的行為會讓他們感受到很大的壓力。當他們無法自信地處理這種情況，往往就得在地位與影響力方面付出代價。尤其當畏懼衝突（障礙十）很不幸地是他們的死穴時，情況就更不樂觀。

為了讓你在遇上這種情況時能迅速採取行動，在此謹奉上一只「急救箱」，它會幫助你在最常見的五種違反議事規則的情況中，做出扭轉局勢的因應。

處理違規情況的祕訣

違規情況	因應措施
1. 某位與會者在你說話時插嘴，打斷了你的發言。	特別適用於遭同級或下級打斷的情況：請你泰然處之（長處八：穩定），繼續發言！並清楚地加入以下這句話：「請讓我把話說完……。」 當打斷發言的人層級較高時，有時乾脆允許打斷（例如老闆突然有話要說）會比較明智，並在對方說話時，藉由目光接觸與點頭示意來與對方保持互動。倘若剛好可以的話，不妨直接回應對方的發言。

2. 某位同事解釋你的意見：「莎賓娜想說的是……。」	這是一種明顯的地位競爭：該同事想突顯他對於莎賓娜的發言有詮釋權。 倘若你是莎賓娜：請不要對這種舉動不予置評。建議你，不妨如此回敬對方：「親愛的漢斯，謝謝你的支持！不過，這裡特別重要的是……。」
3. 某位同事企圖以緩兵之計來凍結你的意見，例如：應該先交由一個工作小組仔細審查、預算案應該先暫緩、應該先收集更多相關資料……。	其中的風險在於，雖然同事表面上好像是支持你，不過你的意見會因為暫緩進行而動力全失，甚或「夭折」。 你不妨在會議上針對「進行革新的確需要考慮許多事情」這一點附和該同事。接著再補充說，你與你的團隊早已完成這方面的工作。你可以如此回應：「沒錯，在我們將這個專案部分外包之前，的確有許多因素該仔細思考。而這正是我們在過去一個星期持續在做的事。最終得出的分析結果十分正面，而今天要做的便是決定。況且，只有在及時發包的前提下，我們才能在時限內完成這項專案。否則的話，之後的代價會更高！請問對於我們的分析結果有任何疑問嗎？」
4. 某位同事在背後捅你一刀，反對先前達成的協議。	如果協議是非正式的，你幾乎無法在會議裡反駁。不過請你在會後立刻去找那位同事談一談，設法找出是什麼讓他改變態度（或只是在耍什麼手段）。 如果事涉正式的協議，那麼你就該表明：「現在我感到好奇，在上回的部門會議裡我們已達成協議……。這要如何說得通呢？」

5. 某位同事在會議中不公平地攻擊你：「這些數據根本就是垃圾！」	請你深呼吸：這是一場赤裸裸的權力遊戲，攻擊你的人當然是想以勝利者的姿態從中勝出。理想的回應要針對事實：「可否請你具體指出是哪些數據？」萬一你一時想不出適合的回應，不妨在會議中暗示你不會讓此事不了了之。例如你可以這麼告訴對方：「某某先生／小姐，等一下到外面我有事想跟你討論一下！」

開會守則五：結盟確保成果

重要的事情發生在會議之前

在準備階段先與決策者商談

在會議中多半會由許多人員與部門共同參與決定。若說我在參與委員會工作的那些年中學到什麼，其中一件應該就是：如果事關某項重要決議，其實多半已在會議之前就喬好了。也就是說，那些與決議利益有關的人會相互結盟，主要是幾位意見領袖，但也不排除其他與會者。結盟者巧妙地以這種方式確保了某位候選人勝出、資源分配或決議走向。

以本章開頭保羅的個案為例。我建議他，不妨在開會之前先找參與決定這次專案工作分配的人個別談一談。目的不外乎，藉由事先過濾不同的利益，來為一個盡可能對大家都有利，並且能讓大家接受的決議鋪路。身為內向者的保羅本來就偏好個別對談勝於面對團體，這項任務對他而言並不困難。他為人謹慎，能夠小心應對（長處一）。此外，他也會仔細傾聽個別與會者的意見（長處四），懂得設身處地站在對方的立場思考，而不是只看到自身利益（長處十）。在這個基礎上保羅協調出一個妥善的折衷方案，並在會議前將結果呈報給企業負責人。此舉讓負責人覺得自己掌握了訊息與全局。在地位遊戲中，這是很重要的小地方！

結盟的好處顯而易見：你可以對會議的重點進行推估，獲得一般情況下無法取得，或僅能在會議稍早前得到的資訊及輿論。你還能降低被某個與會者從背後捅一刀的機率。在開會這件事情上，結盟帶給你的益處莫過於：安全感與可預測性。

開會守則六：商議與執行是兩回事

我從董事會與經營會議中學到的另一件事就是：決定或批准的事會被執行，但有時候，會議是否有意義，端視會議的後續。這到底是怎麼一回事？

這裡有幾種不同的情況。如果是選舉，被選出的人鮮少會發生更動。相較之下，在會議室中議決的工作任務就非常不穩定。原因不一而足，諸如漠視、失職、惡意破壞，甚至有可能因為開會時老闆沒來，而原先的決議裡有什麼他不樂見的結果，於是事後逕行修改，或是做了相反的決定。

具有避免接觸與畏懼衝突（障礙九與十）兩種障礙的內向者，特別容易掉進這個陷阱。他們滿懷期望地將執行決議預設為既定事實，結果卻是晴天霹靂。因此，有一個問題特別重要：你如何才能提高（對你而言）重要決議的執行率？

你具備了穩定（長處八）這項長處。所以如果你掛心某件事，你就該持續關注並與負責執行的同事保持對話。確認一切皆如計劃那般順利嗎？有沒有什麼阻礙？倘若你想要鞏固某項決議，就設法讓它白紙黑字寫下來，一旦成為書面決議，就會更確定，也更容易審查，這有助於反駁諸如「我們從未這樣表示！」之類的說法。有多種合適的媒介可供書面化，例如電子白板的拷貝、發給所有參與者一封電子郵件、傳統的會議記錄等。其中必須包括三項問題的答案：什麼人到什麼時候為止該完成什麼？

如果是老闆在事後出面干預或改變決定，基本上是無法阻止的。不過你倒是可以藉由針對性的資訊操作策略多少做點預防，關於這點請參考開會守則五！

請回答以下三個問題：

在開會方面什麼事讓你覺得格外困難？

這會造成什麼結果？

未來你想採取什麼不同的做法？

主持會議討論：進階者的開會祕訣

保羅必須幫忙同事代班主持會議。本節要討論的是，如何憑藉內向者的領導特質順利完成這項使命。

時間方面的規劃

如果你有權決定開會時間，請選擇對你有利的時間，不要太早或太晚，也不要在一天之內安排許多場會議。要在會議之間保留足夠的空檔，以便進行協商或初步執行先前的決議。

內容方面的規劃

對一場會議準備得越完善，就越能有效率地進行。以下是一份有助於輕鬆完成大多數會議的檢查清單。

準備會議的檢查清單

1. 時間：何時舉行會議？為時多久？
2. 地點：何處舉行會議？
3. 會議的主旨或目標為何？
4. 哪些議題要排入議程裡？
5. 討論這些議題的順序為何？
6. 每項議題各需花多少商議時間？
7. 在時間有限的情況下：你要放棄哪些議題？
8. 誰會參與本次會議？誰會參與某個特定的議程？（與會者清單）

9. 誰負責／主導哪個議程？
10. 為此你需要誰提供（書面）資料？你最遲何時應要求他們，而他們最遲何時應提供？
11. 會議結果應如何記錄？由誰記錄？
12. 需要哪些器材設備？
13. 誰負責最遲何時以何種資訊（議程！）邀集與會者來開會？
14. 誰負責匯整會議資料並確保其完整性？誰負責事先發送（若資料已備妥）？
15. 誰負責會場的準備工作（預訂會場、安排座位、器材設備、名牌、餐點、飲料）？

對內向者而言，會議本身是個很大的挑戰。不過你還是可以採取分析的方式（長處六）來因應，並且利用以下各階段作為引導指標，幫你做好主持會議的工作。

會議的各個階段

1.開場階段：問候與會者、介紹議程、說明相關事項（預定開會時間、議事內容的分量、特別來賓……）。

2.三段落流程：請注意，每項議題都應分別進行以下這些流程！

資訊段落：由你或他人概述議題。

工作段落：處理議題——問題、資訊與論據方面的交流。

結果段落：總結、表決、規劃進一步的行動、分配權責（誰最遲何時完成何事？），或是基於規劃進一步的行動而推遲決議。

3.結尾階段：向出席者表示謝忱、彰顯正面成果。接著簡短道別，若有必要則表達對下次會議的展望。

最大挑戰或許在於如何掌控議事的進行。當遇上爭議、離題或分心的情況時，如何將議事的進行拉回主軸，這的確是一門藝術。萬一碰到這種情形，保羅打算先深呼吸，讓自己保持平靜（長處五），接著憑藉自己的穩定，在適當時機和善地提醒大家注意時間，藉此將議事的進行拉回議程上。

均衡

此外，請你特別留意會場裡的內向者。他們可能需要較長的時間才願意表達意見，而且他們說起話來往往比外向的與會者小聲。設法讓這些內向者也能暢所欲言！這不單只是基於公平的原則。如今你已明白，內向者有小心、謹慎的傾向，亦即安全取向。他們可以在討論中提出一些外向者同事未必留意到的重要觀點。同是身為內向者的你，在主持議事時更應設法讓內向者的意見被聽到、讓他們的貢獻被看到。

特殊狀況：腦力激盪

在會議中進行腦力激盪，目的在於求取盡可能多的點子，例如某個問題有待解決，或某項願景有待描繪。將相關的點子表達出來、收集起來，並在下個階段進行討論與評估。對外向者而言，腦力激盪是種很棒的溝通形式，這樣可以讓他們在與人交流中天馬行空地拋出些大膽的點子。能在交談中建構出自己的想法，是多麼快意的一件事！

在這方面內向者的情況與外向者有所不同。內向者喜歡在分享想法之前獨自平靜地思考一番。然而，當他們構思出自己認為是站得住腳的想法時，議事程序往往早進到下一輪了，大家已開始針對提出的各種點子進行比較與評估。如此一來，內向者的想法便會被掩沒，這也意味著，百分之五十的團體潛能就這樣隨之流失！蘇珊・坎恩在其著作中根據較新的相關研究指出：較大團體的整體創造力不僅比較小的團體來得小，甚至還小於完全獨立構思出新點子的個人（Cain, 2011）。不過這項對照也有例外，即在獲得明確指引的情況下進行的線上腦力激盪。

原則上，你可以在不減損成效的前提下，藉由其他小規模的構思方式來取代腦力激盪，或者你也可以在線上進行腦力激盪。不過如果在會議中集思廣益是貴公司或組織的傳統，也還有個簡單的方法，可以讓腦力激盪變成人人都能參與，且可以確保最豐碩的成果。你不妨請求所有與會者，利用幾分鐘時間將他們的初步構想寫下（長處九）。這項程序可為內向者創造出獨立思考的狀態，更能讓他們用自己所偏好的媒介來表達。等進入下個步驟，再開始用口語的方式交換意見，此時不妨配合使用電子白板、翻頁掛圖或平板電腦等工具，讓所有參與者都能一目了然地見到所構思出的內容。

處理會議中麻煩的情況及與會者

上一節的概述為你在主持議事時帶來一定程度的安全感。然而，你也可能遇上一些不只是內向者主席會覺得吃力的狀況。如果能針對這些干擾或麻煩做些準備，便可以找到妥善的解決之道。以下概述包含了會議中最常見的壓力因素以及適當的對應策略，它們能幫助內向的議事主持者處理麻煩的人與事！

會議中麻煩的狀況

1. 冷場：沒人發言。

對應策略：確保與會者清楚議事方向。你不妨簡短總結一下已經完成的內容，列舉懸而未決的問題，或是提出一些能將議事引導至期望方向的問題。

2. 意見分歧：在至少兩位與會者之間。

對應策略：倘若爭執涉及到具體事實，請你用中立的措詞點明這些立場的差異。合適的話，在會議中針對這兩種立場徵詢意見。

倘若某些人因情緒過於強烈導致場面火爆：請你宣布短暫休息，讓當事人能私下將事情解釋清楚，讓會議能平靜下來，進行接下來的議事。

3. 指責：與會者批評你的行為。

以保羅會議中某個情況為例：「你不是說過，會在這次會議前提出本專案的預算計劃！」

對應策略：倘若批評是有根據的，請你發揮你為人著想的能力（長處十），體諒別人的立場，並且說明你的具體做法會是如何。

以保羅的回答為例：「我們的資料尚未齊備，我明白你需要數據進行規劃，我已經催促過了，應該明天就能提供相關資料。」

倘若批評沒有根據，請按照以下第四或第五點來處理。

4. 挑釁：此處涉及的並非某人要你打破沉默或測試你，而是涉及到地位、劃界或個人好惡。

以保羅會議中某個情況為例，某位部門主管表示：「所有你列出與專案有關的工作，根本就不存在！」

對應策略：你並不想在會議中上演全武行。一來這很吃力；二來後果也難以逆料。因此，請讓對話回到事實層面！不妨運用一個既不挑釁、又能將對話導向事實的搭橋句。

以保羅為例，他可以如此回答：「這看起來很多，實際上的確也有這麼多，是專案四大區塊中要同時進行的工作讓這份清單變得這麼長。」

5. 攻擊：對你或在與會者之間。典型的攻擊包括強硬的語氣、強烈的評價以及少許的事實內容。

保羅會議中某個情況為例：「反正這樣子一定還是不行！」

對應策略：請你深呼吸，在這樣的狀況下你的冷靜值千金。相較於挑釁，攻擊者更想展現出他強你弱的態勢，換言之，這是涉及地位的問題。只要你能保持自信與平靜，攻擊者的如意算盤就打不成。此外，請你也要反過來敦促攻擊者好好地就事論事。

以下是有助於保羅處理這種情況的範例：

「我看得出你對此感到懷疑。不知是什麼讓你有這種看法？」

「我看得出你對此感到懷疑。不知你有什麼建議？」

「請問你的意思是？」不論是要爭取時間，還是充作權宜之計（萬一你想不出更好的辦法），最後這個句子可說是一張神奇的萬用通行證！

現在讓我們來看看關於與會者的部分。你該如何處理會議中那些麻煩的人物以及他們的舉動呢？

會議中麻煩的與會者

1. 話多者：這些人想要受人矚目，而他們的舉動經常會讓其他與會者有樣學樣地跟著離題。

對應策略：話多者很容易在會議中搞得其他與會者感到無奈或恍神，嚴重時甚至會讓議事完全偏離主題。你的任務就是要幫這種人踩煞車，同時還要有技巧地將其發言導回議事主題。

你不妨刻意放棄諸如點頭或微笑這類鼓勵對方發言的舉止。等到話多者必須喘口氣時，你可以抬起手表示：「可否容我簡短地做個總結！」或「對此我得附帶說明一下！」接著你就言行一致地採取行動。

當你完成了上述因應措施後，接下來你可以將議事內容拋給與會者（例如「大家對此有何意見？」），或是讓某個議題視覺化。你也可以請那位話多者自己做個總結：「在你看來這件事最關鍵之處在什麼地方？」

2. 強勢者：這些人往往層級較高、自負、偏愛破壞規則或出手干預。強勢者的優點在於他們在合法性方面的影響（如果他們是主管，便可為決議掛保證），以及經常會在事實層面上做出重要的貢獻。

對應策略：你最好在開會前就先與這樣的與會者接觸，並且針對會議交換意見。倘若無法做到這一點，不妨就利用會議中間的休息時間與對方談一談。你可以在會議中稱讚這些強勢者所陳述的內容，而且別忘了藉機鼓勵其他與會者發言：「感謝你帶給大家靈感！不曉得這項企劃案的參與者們對此有何看法？」

3.具攻擊性者：這些人基本上偏好採取攻勢、意欲壓過別人，往往喜歡帶著諷刺的口吻與強烈的情緒與人爭辯。面對具有攻擊性的人會讓內向者格外感到吃力。

對應策略：深呼吸，保持雙腳平行穩定地站立，試著讓內心冷靜，並且降低回應對方的音量。此舉能有效消弭煙硝味。

此外，如同前述關於挑釁與攻擊的部分，將議事拉回事實層面上。不妨在會議結束後或利用中場休息時間，與具有攻擊性者面對面地談一談，藉此修補一下彼此的關係。此舉可以避免報復的發生。例如：「我注意到了，這項議題似乎對你非常重要，在你看來我們是否重要的部分都討論到了？」

4. 易怒者：這些人容易被憤怒的情緒牽著走，往往會衝動地發動攻擊或大聲咆哮。內向者在遇上這類人時也經常被搞得心力交瘁。

對應策略：採取類似面對具有攻擊性者的處理方式。不同之處在於，在易怒者的情況中，憤怒帶來的後果增加了難度，因為當人帶著怒氣時根本不可能就事論事。人一旦怒火中燒，什麼也聽不進去，此時可說是完全被情緒所主宰。

你的目標一方面是要這件明顯的事（亦即憤怒）談開來，另一方面同時就事論事地繼續開會。因此，你不妨試著先安撫情緒，就如同面對具有攻擊性者一樣，盡可能平靜地用和緩的語氣來降溫。在這個過程中千萬控制好自己的情緒！接著簡短地說句話，將議事引導到事實層面上，例如：「我很驚訝，不知你不滿意這項提議的什麼部分？」或是，「你似乎非常不滿意會議的進行，不知你有何建議？」

5. 悲觀者：這些人偏好發表悲觀或負面的意見，往往深受恐懼所左右（障礙一）。不過他們也能有益於會議，例如在某個懸而未決的提議定案之前，及時讓具威脅性的問題浮上檯面，進而避免錯誤的發生，省下許多時間與金錢。不過，他們也可能將沮喪與挫折散佈於議事中，尤其當話題圍繞著一些具體細節上，並非所有人都能跟上時，最容易引發與會者的挫折感。

對應策略：先仔細聆聽悲觀者在事實層面上有何疑慮，接著（運用擅長分析的能力）迅速檢驗一下疑慮是否合理。如果疑慮確實合理，便對此做進一步的討論。在討論的過程中，也讓其他與會者發表他們的意見。倘若你認為這些疑慮被誇大，同樣積極地詢問這些悲觀者，看看他們有何建議可以解決他們所指出的問題或危險。如此一來，你不但能轉移對困難的注意力，還可克服困難。你的對應方式對悲觀者而言不啻為一道障礙，因此，議事在你的主持下他們會更謹慎地斟酌自己的發言。你也可以選擇將這些疑慮逕付會議討論，並期待得到中和，例如你可以問：「不知在我們之中其他這方面的專家如何看待這項風險？」對於新事物的恐懼是一個必須嚴肅以待的問題，因為悲觀者格外容易受此問題困擾。而且他們可能會用諸如「在類似的案例中遭到敗訴」或「看不見的安全性風險」等說法，搞得人心惶惶。即便論據很薄弱，在刺激性言詞的催化下，會讓其他與會者開始疑神疑鬼，甚至導致某個絕佳的點子胎死腹中！因此，千萬別在你的回應中重複刺激性的言詞！此舉會火上加油。你要做的應該是將恐懼中和，例如：「我同意你的說法，在因應法令變更時，仔細檢視是相當重要的。我們已經和法務部門的同事一起確認過設計上的關鍵部分。這項計劃確實安全無虞！」

6. 打斷他人發言者：不讓別人把話說完、在底下亂喊亂叫、和其他與會者交頭接耳等，都是這些人常見的惡形惡狀。這些舉動會明顯地打擾到議事的進行，嚴重時甚至開始傳染，讓其他與會者也跟著做起類似的事情來。

對應策略：用明確但不致過度激烈的訊息表明你感受到這些干擾。在有人交頭接耳的情況下，暫時停止發言，然後平靜且和善地將目光投往交談者的方向。問題多半可以就此解決，會場將再度回歸平靜。如果遇到有人鼓譟的情況，則要採取略為強烈的措施，讓所有與會者都能享有公平發言與暢所欲言的基本權利。身為議事主持人的你，保障這些權利是你的任務之一。

對於鼓譟加以評論的範例：「你和其他與會者同樣享有暢所欲言的權利。不過目前某某某尚未說完，要不要我先幫你排進發言的名單裡？」

請回答以下兩個問題：

在主持會議時，哪些干擾或何種類型的人是你個人的夢魘？

未來如果遇上這些狀況，你會如何處理？

本章重點整理

- 對內向者而言，認識議事的**潛規則**格外重要。由此出發，便能構思出成功的**參與策略**。
- 內向者也能妥善完成**主持會議**的工作，前提是要做好充分的計劃，並對會議的不同階段有清楚的認識，如此才能將注意力投注在會議中無法計劃的那些部分。
- 無法計劃的部分主要涉及到面對一些**干擾**與**不好應付的與會者**。這兩類難題皆可經由訓練予以克服。

後語

安靜有理：展望充實的內向人生

我希望，透過前面各章節的說明能幫助你更理解內向者，並讓身為內向者的你獲得更美好的溝通與人生。往後你在溝通方面會做出什麼不一樣的改變呢？如果你願意的話，不妨在閱讀過本書之後，將你的內向者經驗與內向者目標寫（長處九）給我。

在本書的結尾還要與你分享一件事，這是最重要也最寶貴的一個部分，也就是我多年來鑽研內向者的精華，在此特別為你濃縮成七項重點。如你所知，這是長處二實在……。

內向：一個豐富的人生！

1. 活出安靜存在之酷

活動於舒適區裡

找出自己在內向與外向連續譜系上的舒適區，並讓此處成為你慣常逗留之地。也找出與他人相處時你所能接受外來刺激的適量範圍，它應當介於無聊與刺激過度之間。處於這樣的區段中，會令你感到最自在，並有益於你的能量運用。

請將你的內向視為一種獎賞或是一張前往充實人生的通行證。

跨進另一邊

2. 如果值得的話，不妨外向一下

在確實值得，並且感覺良好又能妥善復原的前提下，諸如在上台說話或是會議結束後和與會者去小酌一番，這時不妨短暫離開你的內向舒適區，就當作是角色扮演，試著跨到另一邊「外向」一下。不過前提是，要在氛圍妥適且非受迫的情況下，淺嚐即止！

善用抽離的機會

3. 在平靜中尋找力量

在個人生活與職場工作的所有領域中，找出抽離與回復的機會，並理所當然地善用它們。它們就像是創造力與能量的加油站，有益於你的身心。此外，善用借助這項策略得到的內在平靜，為自己也為他人。

相信自己的生活感受

4. 找出個人的長處與需求，適性生活！

扎實好過浮誇、深刻的內容勝於華麗的詞藻、獨立作業有益於創造力與專注。事實上很簡單，你只要用內向者的觀點去分析一下你的生活環境，與自己的長處和需求培養出感情，在此基礎上為自己量身訂做一套對應策略，往後就依循著它發展自己的美好人生。

自信地當個內向者

5. 當個內向大使

由於你對內向者的能力與需求有深刻的認識，可藉此也鼓舞一下身旁其他的內向者。運用你擅長的言語和偏好的媒介，將你認為重要的事情表達出來。支持新進的內向者，自信地與外向者平起平坐。人類社會能從內向者的謹慎意見中獲益良多，因此請讓你的意見被聽到！

運用內向者長處贏得他人信賴

6. 發揮內向的能力廣結善緣

身為內向者的你擁有與外向者不同的工具，憑藉著它們可以讓你廣結善緣贏得他人信賴。因此，善用你的謹慎（長處一）、專注（長處三）、穩定（長處八）以及為人著想的能力（長處十），來達成任何你想達成的事！

借助你安靜內向的能力可以在兩方面有所收獲。一方面可以實現自己的目標；另一方面可以用可靠、謙虛的態度與他人建立良好關係，並獲得重視。

7. 向外向者或與外向者一起學習

世界在對立中蓬勃發展

在第四章裡你學到了，內向者如何受益於他們的外向者伴侶。哲學以自然的觀點將這種充實的對立原則予以普遍化，其中最生動的莫過於道家的陰陽思想。透過對立可以形成一種極富建設性的緊張關係。就我們的主題而言這意味著：世界同時需要發現者與維護者、長途越野滑雪者與短跑運動員、沉思與突發奇想、報酬取向與安全取向。

保持靈活

再者，人生之所以豐富，有一大部分歸功於我們的靈活以及由此而來的彈性。內向者與外向者其實同樣靈活，靈活提供了拓展人生視野的廣闊地帶。若想充實你的人生，就借助外向者的觀點來拓展自己內向的看法與做法，就算你不一定（參閱2.）採取相應的行動，偶爾試著外向一下。因此，多多觀察自己周遭的外向者，諸如家人、老闆、同事！

一種相互學習的過程

你或許會問，你能從外向者身上學到什麼？以我個人為例，我周遭的外向者給了我各式各樣的啟發，我從中學到如何去承受衝突，如何在滿檔的行程中落實一時興起的點子，如何興高采烈地慶祝，如何鼓勵他人，如何勇敢地投入一場值得一試的冒險。我從外向者的行為模式中也學到了讓自己更開心，有時更冷靜地去看待一些事情，並以更開放的態度接受新事物，即便是突如其來的。

外向者也不妨向內向者學習。內向者可以激勵他們堅持、專心地傾聽他人、三思而後行。內向者實在的特質讓外向者領略思考的深層面向。許多外向者都覺得與內向者相處很愉快，因為他們從中感受到自己被認同、接納，這就是發揮同理心的善果。

內向者帶來穩定

內向者能帶來穩定與團結。這聽起來並不性感，然而舉凡在安全、道德原則、穩定性、嚴謹以及分析，要比外向者的長處，如勇於冒險、追求刺激與報酬來得重要的情況下，這些特質確實有益於維護物種的存續。因此，在一些全球的重要議題上，例如核能、金融市場、民生工業、航安等，如果交給內向者來處理，我個人會感到比較安心。當然，這同樣也適用於其他領域，畢竟，這個世界需要內向者的安定力量！

請身為內向者的你勇敢站出來，安靜而強烈地發揮你的影響力！

進階閱讀之參考文獻

Ancowitz, Nancy: Self-Promotion for Introverts. The Quiet Guide for Getting Ahead. New York: McGraw Hill 2010

Benun, Ilise: Jetzt hört ihr mal zu! Erste Hilfe für Schüchterne, Verunsicherte und Zurückhaltende. Weinheim: Wiley 2010

Cain, Susan: Still: Die Bedeutung von Introvertierten in einer lauten Welt. München: Riemann 2011

Godin, Seth: Linchpin: Are You Indispensable? London: Piatkus 2010

Hamer, Dean / Copeland, Peter: Das unausweichliche Erbe. Wie unser Verhalten von unseren Genen bestimmt ist. München: Scherz 1998

Hansen, Hartwig: Respekt – der Schlüssel zur Partnerschaft. Stuttgart: Klett-Cotta 2008

Helgoe, Laurie: Introvert Power. Why Your Inner Life Is Your Hidden Strength. Naperville: Sourcebooks 2008

Johnson, Debra et al.: Cerebral Blood Flow and Personality: A Positron Emission Tomography Study. In: American Journal of Psychiatry 156, 1999, S. 252–257

Jung, Carl Gustav: Typologie. München: Deutscher Taschenbuch Verlag 1921/2001

Kahnweiler, Jennifer B.: The Introverted Leader. Building on Your Quiet Strength. San Francisco: Berrett-Koehler 2009

Keltner, Dacher: Born to Be Good: The Science of a Meaningful Life. New York: Norton 2009

Knaths, Marion: Spiele mit der Macht. Wie Frauen sich durchsetzen. Hamburg: Hoffmann und Campe 2007

Löhken, Sylvia: Unter Extros. Erfolgsstrategien für introvertierte Persönlichkeiten. In: Löhr, Jörg (Hrsg.): Die besten Ideen für eine starke Persönlichkeit. Offenbach: GABAL 2011, S. 231–246

Löhken, Sylvia / Brugger, Norbert: Kommunale Redepraxis. Stuttgart: Kohlhammer 2010
Olsen Laney, Marti: The Introvert Advantage. How to Thrive in an Extrovert World. New York: Workman Publishing 2002
Prochnik, George: In Pursuit of Silence. Listening for Meaning in a World of Noise. New York: Doubleday 2010
Roming, Anna: Die Stillen im Lande. In: Psychologie Heute, 38. Jahrgang, Heft 1, Januar 2011, S. 20–27
Roth, Gerhard: Persönlichkeit, Entscheidung und Verhalten. Warum es so schwierig ist, sich und andere zu ändern. Stuttgart: Klett-Cotta 2007
Roth, Wolfgang: Einführung in die Psychologie C. G. Jungs. Düsseldorf: Patmos 2003
Scheddin, Monika: Erfolgsstrategie Networking. Nürnberg: Verlag Bildung und Wissen 2005
Schmitt, Tom / Esser, Michael: Status-Spiele. Wie ich in jeder Situation die Oberhand behalte. Frankfurt: Scherz 2009
Topf, Cornelia: Endlich mal die Klappe halten: Warum Schweigen besser ist als Reden. Offenbach: GABAL 2010
Zack, Devora: Networking für Networking-Hasser. Offenbach: GABAL 2012
Zeldin, Theodore: Der Rede Wert. Wie ein gutes Gespräch Ihr Leben bereichert. München: Malik 1999

關於面對衝突的主題

Benien, Karl: Schwierige Gespräche führen. Reinbek: Rowohlt 2003
Glasl, Friedrich: Konfliktmanagement. Ein Handbuch für Führungskräfte, Beraterinnen und Berater. Stuttgart: Verlag Freies Geistesleben 2004
Jiranek, Heinz / Edmüller, Andreas: Konfliktmanagement. Freiburg: Haufe 2007
Patterson, Kerry / Grenny, Joseph / McMillan, Ron / Switzler, Al: Heilsame Konflikte. Wien: Linde 2006

進階閱讀與研究之網路資源

hsperson.com

心理學家伊蓮・艾倫（Elaine Aron）是研究高敏感問題的專家。她的網站上有個與高敏感有關的測驗，你不妨去測驗一下，看看自己是不是個高敏感的人。這項特質與你是內向者或外向者無關。

theantlantic.com

在這個網頁上你可以讀到強納森・勞區（Jonathan Rauch）膾炙人口的〈關懷你的內向〉（Caring for Your Introvert, 2003.03）這篇文章；此外，尚有一篇有讀者評論的續篇〈內向存續〉（The Introversy Continues, 2006.04），以及一篇勞區的專訪〈全世界的內向者，團結〉（Introverts of the World, Unite, 2006.02）。

theintrovertedleaderblog.com

珍妮芙・凱威樂（Jennifer Kahnweiler）的部落格。描述職場裡的內向者。

thepowerofintroverts.com

蘇珊・坎恩（Susan Cain）的網頁，其中有部落格以及許多與成功的內向人生有關的資訊。

time.com

麥可・懷斯可夫（Michael Weisskopf）有一篇〈歐巴馬：他是如何學以致勝〉（Obama: How He Learned to Win），在：《時代雜誌》線上版（*Time Magazine online, 2008.5.8*）。www.time.com/time/magazine/article/0,9171,1738494,00.html

toastmasters.org 或 toastmasters.org.tw

國際演講協會（Toastmasters International）是練習演說的一個好管道，能省錢、又有效地學習公開演說與領導溝通。在這些網頁上你可以找到住處附近的地區協會，還有出差或度假時可以去拜訪的其他地區協會。

vanha.med.utu.fi

《芬蘭青年心血管風險研究》（*Cardiovascular Risk in Young Finns Study*）：http://vanha.med.utu.fi/cardio/youngfinnsstudy/

國家圖書館出版品預行編目資料

內向者的優勢：安靜的人如何展現你的存在,並讓別人聽你的/希薇亞.洛肯(Sylvia Löhken)著；王榮輝譯. -- 二版. -- 臺北市：商周出版：英屬蓋曼群島商家庭傳媒股份有限公司城邦分公司發行, 2021.09

面；　公分

譯自：Leise Menschen : Starke Wirkung: Wie Sie Präsenz zeigen und Gehör finden

ISBN 978-626-7012-42-0（平裝）

1. 內向性格　2. 生活指導　3.人際關係

173.73　　110011571

內向者的優勢：安靜的人如何展現你的存在，並讓別人聽你的

Leise Menschen - starke Wirkung. Wie Sie Präsenz zeigen und Gehör finden

作　　者／希薇亞・洛肯（Sylvia Löhken）
譯　　者／王榮輝
責任編輯／程鳳儀

版　　權／劉鎔慈、吳亭儀
行銷業務／林秀津、周佑潔、劉治良
總 編 輯／程鳳儀
總 經 理／彭之琬
發 行 人／何飛鵬
法律顧問／元禾法律事務所王子文律師
出　　版／商周出版
台北市104中山區民生東路二段141號9樓
電話：(02) 2500-7008 傳真：(02) 2500-7759
E-mail：bwp.service@cite.com.tw
發　　行／英屬蓋曼群島商家庭傳媒股份有限公司城邦分公司
台北市中山區民生東路二段141號2樓
書虫客服服務專線：02-25007718；25007719
服務時間：週一至週五上午09:30-12:00；下午13:30-17:00
24小時傳真專線：02-25001990；25001991
劃撥帳號：19863813；戶名：書虫股份有限公司
讀者服務信箱：service@readingclub.com.tw
城邦讀書花園：www.cite.com.tw
香港發行所／城邦（香港）出版集團有限公司
香港灣仔駱克道193號東超商業中心1樓
E-mail：hkcite@biznetvigator.com
電話：(852)2508-6231　傳真：(852)2578-9337
馬新發行所／城邦（馬新）出版集團【Cite (M) Sdn. Bhd.】
41, Jalan Radin Anum, Bandar Baru Sri Petaling, 57000 Kuala Lumpur, Malaysia
電話：(603)9057-8822　傳真：(603)9057-6622
E-mail：cite@cite.com.my

封面設計／李東記　　內文設計排版／唯翔工作室
印　　刷／韋懋實業有限公司
總 經 銷／聯合發行股份有限公司　電話：(02) 2917-8022　傳真：(02) 2911-0053
地址：新北市新店區寶橋路235巷6弄6號2樓

■ 2021年（民110年）9月7日二版　　Printed in Taiwan

First published in 2012 by GABAL Verlag GmbH as *Leise Menschen - starke Wirkung: Wie Sie Präsenz zeigen und Gehör finden*

Author: Sylvia Löhken

定價／380元　　ISBN：978-626-7012-42-0